安心決定鈔

（現代語版）

凡　例

一、本現代語版について

㈠　この現代語訳は、『浄土真宗聖典（註釈版）』（以下『註釈版聖典』という）を底本として作成した。

㈡　本文のはじめに、内容についての解説を付した。

㈢　付録として、『安心決定鈔』「御文章」等対照表と『安心決定鈔』関連略年表を掲載した。

二、表記について

㈠　本文は、適宜改行を行い、また、利用の便宜をはかるため、『註釈版聖典』に準じて一連の番号を付した。

㈡　本文中の書名には『　』を付し、引用文等には「　」を付した。また「　」内の符号は〈　〉とした。

㈢　漢字は、原則として常用漢字を用い、従来、浄土真宗本願寺派で慣用されている「智、慧」等の漢字は残した。

㈣　送り仮名は、昭和四十八年六月の内閣告示（昭和五十六年十月、平成二十二年十一月一部改正）にもとづく現行の送り仮名法に従った。なお、現在の送り仮名の表記の傾向にかんがみ、省略が許容されるものについては省略した。

㈤　振り仮名について

①　原則としてすべての漢字に振り仮名を付した。

②　読み方に揺れのあるものについては、（　）内のように表記した。

例　善知識（ぜんぢしき）、南無（なも）、法界（ほうかい）、法性（ほっしょう）、法身（ほっしん）

三、註釈の種別と内容について

㈠　本文に施した註釈は、①脚註、②訳註の二種類である。

㈡　脚註は、とくに説明を必要とする語について、本文右傍に＊印を付し、本文下の欄外に示した。原則として＊印は初出にのみ示した。

㈢　訳註は、従来の解釈の分れる箇所や、留意すべき重要な箇所について、本文右傍に※印を付し、巻末に本文の頁数を付して、まとめて掲載した。

目次

安《あん》心《じん》決《けつ》定《じょう》鈔《しょう》

本書の著者は不明であるが、第八代宗主蓮如上人《れんにょしょうにん》の指南によって浄土真宗本願寺派《じょうどしんしゅうほんがんじは》では聖教《しょうぎょう》に準ずるものとしている。その内容は本末二巻に分れ、三文の引用と四事の説明によって成り立っているところから、古来、三文四事の聖教といわれている。三文とは、『往生礼讃《おうじょうらいさん》』の第十八願加減の文、『往生論《おうじょうろん》』（『浄土論《じょうどろん》』）の「如来浄華衆正覚華化生《にょらいじょうけしゅしょうがくけしょう》」の文、『法事讃《ほうじさん》』の「極楽無為涅槃界《ごくらくむいねはんがい》…」の文であり、四事とは、（一）自力他力日輪の事、（二）四種往生の事、（三）『観仏三昧経《かんぶつざんまいきょう》』の閻浮檀金《えんぶだんごん》の事、（四）薪火不離《しんかふり》の喩えである。

本書の中心思想は、機法一体論《きほういったいろん》である。まず本巻では、第十八願加減の文によって衆生《しゅじょう》の往生（機）と仏の正覚《しょうがく》（法）の一体を示し、続いて機法一体の名号《みょうごう》について論じて、念仏者の三業《さんごう》と仏の三業とが一体であることを示す。末巻では、『往生論』の文を引き、如来の機法一体の正覚について論じ、『法事讃』の文を引いて、正覚は無為無漏《むいむろ》であり、名号は機法一体の正覚と不二であるところから、念仏三昧もまた無為無漏であると説いている。最後に（一）自力と他力を闇夜と日輪に喩え、（二）正念・狂乱・無記・意念の四種の往生が、阿弥陀仏の摂取によって可能であることを明し、（三）念仏三昧の利益《りやく》を閻浮檀金に喩え、（四）念仏者の心と阿弥陀仏の摂取不捨《せっしゅふしゃ》の光明《こうみょう》との不離を薪と火との不離に喩えて、これによって南無阿弥陀仏の義意をあらわされている。

安心決定鈔《あんじんけつじょうしょう》　本《ほん》

【一】　浄土《じょうど》の真実《しんじつ》の教《おし》えを信《しん》じる念仏者《ねんぶつしゃ》は、何《なに》よりもまず※阿弥陀仏《あみだぶつ》が*本願《ほんがん》をおこされたいわれを心得《こころえ》なければならない。その広大《こうだい》な誓《ちか》いは四十八《しじゅうはち》あるが、その中《なか》の第十八願《だいじゅうはちがん》を根本《こんぽん》とする。その他《ほか》の四《し》十七《じゅうしち》は、この願《がん》を信《しん》じさせるためにおこされたものである。

【二】　この第十八願《だいじゅうはちがん》を※『往生礼讃《おうじょうらいさん》』に、「若我成仏《にゃくがじょうぶつ》　十方衆生《じっぽうしゅじょう》　称我名号《しょうがみょうごう》　下至十声《げしじっしょう》　若不生者《にゃくふしょうじゃ》　不取正覚《ふしゅしょうがく》（*もしわれ成仏《じょうぶつ》せんに、十方《じっぽう》の衆生《しゅじょう》、わが*名号《みょうごう》を称《しょう》せん、下十声《しもじっしょう》に至《いた》るまで、もし生《うま》れずは*正《しょう》覚《がく》を取《と》らじ）」と解釈《かいしゃく》されている。

この文《もん》のこころは、「すべての世界《せかい》の人々《ひとびと》が、願《がん》と行《ぎょう》を完成《かんせい》して浄土《じょうど》に*往生《おうじょう》するなら、わたしも仏《ほとけ》になろう。もし往生《おうじょう》できないよ

本願　仏が菩薩《ぼさつ》の時におこした誓願《せいがん》をいう。また衆生救済のためのまさしく根本となる願をいう。

もしわれ…　行文類訓《ぎょうもんるいくん》。

名号　一般にはすべての仏・菩薩の名前を名号という。浄土教では、とくに阿弥陀仏の名を指していう。親鸞聖人は、仏の衆生救済の願いが南無阿弥陀仏《なもあみだぶつ》の六字の名号となって衆生の上に活動しているのであり、摂取《せっしゅ》して捨てないという仏意をあらわす本願招喚《しょうかん》の勅命であるといわれた。

正覚　仏のさとり。正しいさとり。

往生　阿弥陀仏の浄土に往き生れること。

うなら、わたしはさとりを開《ひら》かない」ということである。このようなわけで、仏《ほとけ》のさとりは、わたしたちが浄土《じょうど》に往生《おうじょう》するかしないかによるのである。

　ところが、すべての世界《せかい》の人々《ひとびと》がまだ浄土《じょうど》へ往生《おうじょう》していないのに、先立《さきだ》って仏《ほとけ》がさとりを開《ひら》かれているのは、理解《りかい》できないことである。しかしながら、仏《ほとけ》は人々《ひとびと》に代《かわ》って願《がん》と行《ぎょう》をまどかに満《み》たし、わたしたちの往生《おうじょう》をすでにととのえてくださっている。すなわち、すべての世界《せかい》の人々《ひとびと》の願《がん》と行《ぎょう》をまどかに満《み》たして往生《おうじょう》の因《いん》がととのえられた時《とき》に、※機法一体《きほういったい》の南無阿弥陀仏《なもあみだぶつ》というさとりが完成《かんせい》されたのである。したがって、仏《ほとけ》のさとりの他《ほか》に*凡夫《ぼんぶ》の往生《おうじょう》はないのである。すべての世界《せかい》の人々《ひとびと》の往生《おうじょう》の因《いん》がととのえられた時《とき》、仏《ほとけ》もさとりを開《ひら》くのであるから、仏《ほとけ》がさとりを開《ひら》く時《とき》とわたしたちの往生《おうじょう》の因《いん》がととのえられた時《とき》とは同時《どうじ》である。仏《ほとけ》の側《がわ》でいうなら、

凡夫　愚かなものの意。真理にくらく、煩悩《ぼんのう》に束縛されて、迷いの世界を輪廻《りんね》するもの。

往生《おうじょう》はすでに完成《かんせい》しているが、人々《ひとびと》がこの道理《どうり》を信《しん》じるのは同時《どうじ》ではないから、すでに往生《おうじょう》した人《ひと》もあり、いま往生《おうじょう》する人《ひと》もあり、これから往生《おうじょう》する人《ひと》もある。人《ひと》によって、過去《かこ》・現在《げんざい》・未来《みらい》の違《ちが》いはあるが、阿弥陀仏《あみだぶつ》が代《かわ》りに完成《かんせい》してくださった仏《ほとけ》の側《がわ》での南無阿弥陀仏《なもあみだぶつ》の他《ほか》に、さらにわたしたちから付《つ》け加《くわ》えるものは少《すこ》しもないのである。

たとえば、太陽《たいよう》が出《で》ると同時《どうじ》にあらゆる世界《せかい》の闇《やみ》がことごとく晴《は》れ、月《つき》が出《で》ると同時《どうじ》に全世界《ぜんせかい》の水面《みなも》にその姿《すがた》が映《うつ》るようなものである。月《つき》が出《で》るとその姿《すがた》を水面《みなも》に宿《やど》すし、太陽《たいよう》が出《で》ると闇《やみ》が晴《は》れないことなどあるはずはない。だから、太陽《たいよう》が出《で》ているか出《で》ていないかを考《かんが》えるべきであり、闇《やみ》が晴《は》れていないか晴《は》れているかを疑《うたが》うべきではない。仏《ほとけ》がさとりを開《ひら》かれたか、まだ開《ひら》かれていないかを心得《こころえ》なければならないのであり、凡夫《ぼんぶ》が往生《おうじょう》できるかできないかを疑《うたが》うべきではない。
「人々《ひとびと》が往生《おうじょう》できないなら仏《ほとけ》にならない」とお誓《ちか》いになった※法蔵《ほうぞう》菩薩《ぼさつ》は、十《じっ》*劫《こう》の昔《むかし》にすでに仏《ほとけ》になられている。仏《ほとけ》のさとりの上《うえ》ですでに完成《かんせい》してくださっているわたしたちの往生《おうじょう》を、愚《おろ》かにも今日《こんにち》まで信《しん》じることなく、むなしく迷《まよ》いの世界《せかい》を生《うま》れ変《かわ》り死《し》に変《かわ》りし続《つづ》けてきたのである。このようなわけで※『般舟讃《はんじゅさん》』には、「大《おお》いに慚愧《ざんぎ》しなければならない。※釈尊《しゃくそん》はまことに慈悲《じひ》深《ぶか》い父母《ふぼ》である」といわれている。「慚愧《ざんぎ》」の二文字《にもじ》は、「天《てん》に恥《は》じ人《ひと》に恥《は》じる」とも、また「自《みず》らに恥《は》じ他者《たしゃ》に恥《は》じる」とも解釈《かいしゃく》されている。何《なに》を「大《おお》いに恥《は》じなければならない」のかというと、阿弥陀仏《あみだぶつ》ははかり知《し》ることのできない長《なが》い間《あいだ》、まったく功徳《くどく》のない凡夫《ぼんぶ》に代《かわ》って願《がん》をたて行《ぎょう》に励《はげ》み、*釈尊《しゃくそん》は五百劫《ごひゃくこう》もの昔《むかし》より八千回《はっせんかい》にわたってこの世《よ》に現《あらわ》れ、このような思《おも》いはかることのできない阿弥陀仏《あみだぶつ》の本願《ほんがん》を

劫　梵語カルパの音写。インドの時間の単位。極めて長い時間のこと。

釈尊は…この世に現れ　『法華経』「如来寿量品《にょらいじゅりょうぼん》」では、釈尊が成仏してからすでに久遠《くおん》の時を経ていることを「五百塵点劫」と説かれ、『梵網経《ぼんもうきょう》』では、釈尊が衆生《しゅじょう》教化のために、この世にすでに八千遍も来生していると説かれている。

わたしたちに知《し》らせようとされるのである。これを今《いま》まで聞《き》こうとしなかったことを恥《は》じなければならない。わたしたちが成《な》し遂《と》げる＊大乗《だいじょう》や＊小乗《しょうじょう》の行《ぎょう》であれば、その教《おし》えがすぐれていても、自身《じしん》の資《し》質《しつ》が劣《おと》っていたならどうすることもできないということもあるに違《ちが》いない。今《いま》の＊他力《たりき》の願《がん》と行《ぎょう》の功徳《くどく》は、行《ぎょう》としては仏《ほとけ》の側《がわ》で励《はげ》み、それをまったく功徳《くどく》のないわたしたちに与《あた》えられるので、＊謗法《ほうぼう》や＊一《いっ》闡提《せんだい》、仏法《ぶっぽう》が滅《ほろ》びた後《のち》の世《よ》の人々《ひとびと》に至《いた》るまで、往生《おうじょう》しないということがないのである。仏《ほとけ》が懇切《こんせつ》にお説《と》きになっているこの道理《どうり》を疑《うたが》いなく信《しん》じていないことを「大《おお》いに恥《は》じなければならない」というのである。『＊法華経《ほけきょう》』に、「あらゆる世界《せかい》において、芥子粒《けしつぶ》ほども、釈尊《しゃくそん》が命《いのち》がけで行《ぎょう》を修《おさ》められなかったところはない」と説《と》かれている。これらはすべて、他力《たりき》を信《しん》じないわたしたちに信心《しんじん》をおこさせようと、わたしたちに代《かわ》って＊難行《なんぎょう》や苦行《くぎょう》を修《おさ》め、縁《えん》を結《むす》び功徳《くどく》

大乗　大きな乗物という意。教法《きょうぼう》は衆生をさとりに向かわせる乗物であるから乗といい、大乗とは、自らさとりを求めるとともに、広く一切衆生をも救済しようとする自利《じり》・利他《りた》の教えをいう。小乗に対する語。

小乗　自己のさとりだけを目的とする劣った乗物という意。大乗に対する語。

他力　阿弥陀仏の本願力。阿弥陀仏が衆生を救済するはたらき。

謗法　仏の教えをそしり、正しい真理をないがしろにすること。

一闡提　梵語イッチャンティカの音写。世俗的な快楽を追求するのみで正法《しょうぼう》を信じず、さとりを求める心がなく成仏することのできない衆生のこと。

を積《つ》み重《かさ》ねてくださったということである。この広大《こうだい》な仏《ほとけ》のおこころを信《しん》じなかったことを「大《おお》いに恥《は》じなければならない」というのである。このおこころを明《あき》らかにしようとして『般舟讃《はんじゅさん》』に、「さまざまな手《て》だてをもって、わたしたちの無上《むじょう》の信心《しんじん》をおこす」と示《しめ》されている。「無上《むじょう》の信心《しんじん》」とは、本願《ほんがん》に誓《ちか》われている他力《たりき》の*三信《さんしん》である。

次《つぎ》に、『般舟讃《はんじゅさん》』に「さまざまな手《て》だてを説《と》かれていて、釈尊《しゃくそん》の教《おし》えは一様《いちよう》ではない」といわれているのは、あらゆる教《おし》えは人々《ひとびと》の資質《ししつ》に応《おう》じて説《と》かれ、利益《りやく》を得《え》させるということである。凡夫《ぼんぶ》はたやすく他力《たりき》の信心《しんじん》を得《え》ることが難《むずか》しい。ところが、*自力《じりき》の行《ぎょう》を成《な》し遂《と》げることが難《むずか》しいと聞《き》くとき、他力《たりき》の*易行《いぎょう》を信《しん》じるようになるのであり、*聖道門《しょうどうもん》の難行《なんぎょう》を聞《き》くとき、*浄土門《じょうどもん》の行《ぎょう》が修《しゅ》し易《やす》いことを信《しん》じるようになるのである。そもそも、仏《ほとけ》の側《がわ》では何《なん》のさわりもな

法華経　『妙法蓮華経《みょうほうれんげきょう》』のこと。後秦《こうしん》の鳩摩羅什《くまらじゅう》訳。本迹二門《ほんしゃくにもん》に分れ、迹門では二乗作仏《にじょうさぶつ》、本門では釈尊の久遠成道《くおんじょうどう》を説く。

難行　修しがたい行法《ぎょうほう》。種々の困難な行を修めて仏になろうとすること。易行に対する語。

三信　至心《ししん》・信楽《しんぎょう》・欲生《よくしょう》の三信心のこと。

自力　自分の力で善根《ぜんごん》を修め、さとりを開こうとすること。

易行　修しやすい行法。阿弥陀仏の本願を信じて念仏すること。難行に対する語。

聖道門　自力の修行によって、さとりを開くことをめざす教え。浄土門に対する語。

浄土門　阿弥陀仏の本願力

く完成《かんせい》してくださった往生《おうじょう》なのに、わたしたちは*煩悩《ぼんのう》に狂《くる》わされて長《なが》い間《あいだ》迷《まよ》いの世界《せかい》を生《うま》れ変《かわ》り死《し》に変《かわ》りし続《つづ》け、この思《おも》いはかることのできない仏《ほとけ》の智慧《ちえ》を、信《しん》じ受《う》けとめてこなかった。だから、過去《かこ》・現在《げんざい》・未来《みらい》のすべての世界《せかい》の人々《ひとびと》の信心《しんじん》も*称名《しょうみょう》も、阿弥陀《あみだ》仏《ぶつ》が完成《かんせい》された仏《ほとけ》の側《がわ》での南無阿弥陀仏《なもあみだぶつ》に立《た》ちかえるのであり、決《けつ》して称名《しょうみょう》も信心《しんじん》もその人《ひと》の側《がわ》にとどまるものではない。

【三】　南無阿弥陀仏《なもあみだぶつ》は*名体不二《みょうたいふに》の本願《ほんがん》の行《ぎょう》であるから、この名号《みょうごう》は仏《ほとけ》のさとりそのものである。仏《ほとけ》のさとりそのものであるから、すべての世界《せかい》の人々《ひとびと》が往生《おうじょう》することそのものである。往生《おうじょう》することそのものであるから、わたしたちの願《がん》と行《ぎょう》はことごとく名号《みょうごう》にそなわっている。だから、※『観経疏《かんぎょうしょ》』「玄義分《げんぎぶん》」に、「今この『※観無《かんむ》量寿経《りょうじゅきょう》』に説《と》かれている十声《とこえ》の称名《しょうみょう》には、十願《じゅうがん》と十行《じゅうぎょう》がそなわっている。どうそなわっているというと、一声一声《ひとこえひとこえ》の〈南無阿弥《なもあみ》

によって、その浄土に往生してさとりを開く教え。聖道門に対する語。

煩悩　身心を煩《わずら》わせ、悩ませる精神作用の総称。衆生《しゅじょう》はこの煩悩によって業《ごう》を起し、苦報《くほう》を受けて迷界に流《る》転《てん》する。煩悩のなかで代表的な貪欲《とんよく》（むさぼり）・瞋恚《しんに》（いかり）・愚痴《ぐち》（おろかさ）を三毒という。

称名　阿弥陀仏の名号を称えること。

名体不二　南無阿弥陀仏の名号（名）と阿弥陀仏という仏体《ぶったい》（体）とが一つであって異なるものではないということ。

陀仏《だぶつ》〉の〈南無《なも》〉というのは、*帰命《きみょう》ということである。またこれは、*発願回向《ほつがんえこう》の意味《いみ》でもある。〈阿弥陀仏《あみだぶつ》〉というのは、人々《ひとびと》が浄土《じょうど》に往生《おうじょう》する行《ぎょう》である。このようないわれがあるから、必《かなら》ず往生《おうじょう》することができるのである」といわれている。

　*下品下生《げぼんげしょう》の人《ひと》が、苦《くる》しみにさいなまれて仏《ほとけ》を心《こころ》に念《ねん》じることができずただ称名《しょうみょう》するところに、往生《おうじょう》のための願《がん》と行《ぎょう》がそなわっているということは、決《けっ》してわたしたちのおこす願《がん》と行《ぎょう》ではないと心得《こころえ》なければならない。法蔵菩薩《ほうぞうぼさつ》が五劫《ごこう》にわたって思惟《しゆい》し立《た》てられた願《がん》と、はかり知《し》ることのできない長《なが》い間《あいだ》修《おさ》められた行《ぎょう》は、凡夫《ぼんぶ》の願《がん》と行《ぎょう》をととのえられたものである。阿弥陀仏《あみだぶつ》が凡夫《ぼんぶ》の願《がん》と行《ぎょう》をととのえられたいわれを疑《うたが》いなく受《う》け取《と》ることを、*三心《さんしん》とも、*三信《さんしん》とも、信心《しんじん》ともいうのである。阿弥陀仏《あみだぶつ》が凡夫《ぼんぶ》の願《がん》と行《ぎょう》を名号《みょうごう》として完成《かんせい》されたいわれを口《くち》にあらわすことを、南無阿弥陀仏《なもあみだぶつ》という。

帰命　心から信じ敬う、信じ順うの意。

発願回向　浄土往生の願をおこし回向すること。親鸞聖人は、阿弥陀仏が衆生《しゅじょう》を救う本願をおこして、衆生に往生の行を与えることと解した。

下品下生の人　『観経』に説かれる九つの階位のうち、もっとも下位のもの。

三心　『観経』に説く浄土往生に必要な三種の心。至《し》誠心《じょうしん》・深心《じんしん》・回向発願心《えこうほつがんしん》。

三信　至心《ししん》・信楽《しんぎょう》・欲生《よくしょう》の三信心のこと。他力の信心の三相である淳心《じゅんしん》・一《いっ》心《しん》・相続心《そうぞくしん》とする説もある。

このようなわけで、名号《みょうごう》のいわれを受《う》け取《と》ることも、わたしたちにとどまるものではない。疑《うたが》いなく受《う》け取《と》るなら、それは本願《ほんがん》のおこころに立《た》ちかえるのである。名号《みょうごう》もわたしたちにとどまるものではなく、称《とな》えるならただちに本願《ほんがん》のおこころに立《た》ちかえる。したがって、浄土《じょうど》の教《おし》えは第十八願《だいじゅうはちがん》をしっかりと心得《こころえ》る他《ほか》にはないのである。

【四】『観経疏《かんぎょうしょ》』に、「※『無量寿経《むりょうじゅきょう》』の四十八願《しじゅうはちがん》の中《なか》には、ただひとすじに阿弥陀仏《あみだぶつ》の名号《みょうごう》を称《とな》えて往生《おうじょう》することができると示《しめ》されている」（定善義《じょうぜんぎ》）とも、「また『観無量寿経《かんむりょうじゅきょう》』の*定善《じょうぜん》・*散善《さんぜん》を説《と》くところには、ただひとすじに阿弥陀仏《あみだぶつ》の名号《みょうごう》を称《とな》えて往生《おうじょう》することができると示《しめ》されている」（定善義《じょうぜんぎ》）とも解釈《かいしゃく》され、「*浄土三《じょうどさん》部経《ぶきょう》」はひとえに第十八願《だいじゅうはちがん》のこころをあらわすと示《しめ》されている。

第十八願《だいじゅうはちがん》を心得《こころえ》るというのは、名号《みょうごう》のいわれを心得《こころえ》るというこ

定善　雑念を払い心を凝らして如来、浄土を観察《かんざつ》する行のこと。

散善　散慢な心のままで、悪を止め善を修める行のこと。

浄土三部経　『仏説《ぶっせつ》無量寿《むりょうじゅ》経《きょう》（大経《だいきょう》）』・『仏説観無量《ぶっせつかんむりょう》寿経《じゅきょう》（観経《かんぎょう》）』・『仏説阿弥《ぶっせつあみ》陀経《だきょう》（小経《しょうきょう》）』のこと。浄土真宗の正依の経典。

とである。名号《みょうごう》のいわれを心得《こころえ》るというのは、阿弥陀仏《あみだぶつ》が人々《ひとびと》に代《かわ》って願《がん》を立《た》て行《ぎょう》に励《はげ》み、わたしたち凡夫《ぼんぶ》の往生《おうじょう》を先立《さきだ》ってととのえられたまさにその時《とき》、すべての世界《せかい》の人々《ひとびと》の往生《おうじょう》を仏《ほとけ》のさとりそのものとされたことを、疑《うたが》いなく受《う》け取《と》るということである。

　このようなわけで、念仏者《ねんぶつしゃ》は、名号《みょうごう》を聞《き》いたなら、「ああ、すでにわたしの往生《おうじょう》はととのえられていたのだ。〈すべての世界《せかい》の人々《ひとびと》が、往生《おうじょう》できないなら、わたしはさとりを開《ひら》かない〉とお誓《ちか》いになった法蔵菩薩《ほうぞうぼさつ》のさとりの名号《みょうごう》であるから」と思《おも》うがよい。また、阿弥陀仏《あみだぶつ》のお姿《すがた》を礼拝《らいはい》したなら、「ああ、すでにわたしの往生《おうじょう》はととのえられていたのだ。〈すべての世界《せかい》の人々《ひとびと》が、往生《おうじょう》できないなら、わたしはさとりを開《ひら》かない〉とお誓《ちか》いになった法蔵菩薩《ほうぞうぼさつ》のさとりのお姿《すがた》であるから」と思《おも》うがよい。また、*極楽《ごくらく》という名《な》を聞《き》いたなら、「ああ、わたしが往生《おうじょう》すべき世界《せかい》をととのえてくださってい

極楽　阿弥陀仏の浄土《じょうど》のこと。真実の楽しみが常にあり、苦しみがまったくない清浄《しょうじょう》な世界なので、このようにいう。

たのだ。〈人々《ひとびと》が往生《おうじょう》しなければ、わたしはさとりを開《ひら》かない〉とお誓《ちか》いになった法蔵菩薩《ほうぞうぼさつ》のさとりの世界《せかい》である」と思《おも》うがよい。これをわたしたちの側《がわ》でいうと、仏法《ぶっぽう》と世間《せけん》のどちらの＊善根《ぜんごん》もなく、ただ悪《あく》を作《つく》るばかりの人《ひと》のために、仏《ほとけ》の側《がわ》ではかり知《し》ることのできない功徳《くどく》を完成《かんせい》されているのである。つまり、わたしたちのような愚《おろ》かで誤《あやま》った見方《みかた》をするもののための楽《らく》の極《きわ》まりであるから「極《ごく》楽《らく》」というのである。

本願《ほんがん》を信《しん》じて名号《みょうごう》を称《とな》えているつもりでも、仏《ほとけ》の功徳《くどく》はわたしの往生《おうじょう》と関《かか》わりがないと思《おも》って、名号《みょうごう》を称《とな》えることに自《みずか》らの功徳《くどく》を込《こ》めたなら必《かなら》ず往生《おうじょう》を遂《と》げられるであろうなどと思《おも》うのは悲《かな》しむべきことである。わたしたちの往生《おうじょう》がととのえられたすがたを南無阿弥陀仏《なもあみだぶつ》とあらわされたのだという確《たし》かな信心《しんじん》がおこったなら、仏《ほとけ》のさとりはそのままわたしたちの往生《おうじょう》の行《ぎょう》であるから、一《ひと》

善根　諸善を生じるもとのこと。功徳《くどく》のたね。

声《こえ》のところに往生《おうじょう》が定《さだ》まるのである。阿弥陀仏《あみだぶつ》という名号《みょうごう》を聞《き》いたなら、ただちにわたしの往生《おうじょう》と心得《こころえ》て、わたしの往生《おうじょう》はそのまま仏《ほとけ》のさとりであると心得《こころえ》なければならない。阿弥陀仏《あみだぶつ》がさとりを開《ひら》かれたか、まだ開《ひら》かれていないかを疑《うたが》うことがあったとしても、わたしの往生《おうじょう》の因《いん》が完成《かんせい》しているか、完成《かんせい》していないのかと疑《うたが》ってはならない。一人《ひとり》でも往生《おうじょう》しないことがあるなら、決《けっ》して仏《ほとけ》はさとりをお開《ひら》きになるはずはない。これを心得《こころえ》ることを、第十八《だいじゅうはち》願《がん》を正《まさ》しく受《う》け取《と》るというのである。

【五】　往生《おうじょう》しようと思《おも》うなら、その人《ひと》が自《みずか》ら願《がん》をおこし行《ぎょう》を励《はげ》まなければならないが、願《がん》と行《ぎょう》は法蔵菩薩《ほうぞうぼさつ》の側《がわ》で励《はげ》み、結果《けっか》としてのさとりはわたしたちの側《がわ》に完成《かんせい》される。それは世間《せけん》・＊出世間《しゅっせけん》の＊因果《いんが》の道理《どうり》に超《こ》えすぐれている。これを※善導大師《ぜんどうだいし》は『観経疏《かんぎょうしょ》』に、「世《よ》に超《こ》えすぐれた本願《ほんがん》」（玄義分《げんぎぶん》）とたたえておられる。人々《ひとびと》に代《かわ》っ

出世間　世間に対する語。世間を超出したさとりの境《きょう》界《がい》そのもの。あるいは迷いの境界である世間を出てさとりの境界に入ることをいう。

因果の道理　原因があれば必ず結果があり、結果があれば必ず原因があるという道理。

て願《がん》と行《ぎょう》をととのえることが、迷《まよ》いの世界《せかい》に常《つね》に沈《しず》んでいる人《ひと》を第《だい》一《いち》として善人《ぜんにん》に至《いた》るまで、一人《ひとり》でも及《およ》ばないことがあるようなら、大《おお》いなる慈悲《じひ》の願《ねが》いが満《み》たされることはない。一人一人《ひとりひとり》に願《がん》と行《ぎょう》がととのえられた時《とき》、仏《ほとけ》はさとりを開《ひら》き、凡夫《ぼんぶ》は往生《おうじょう》することになる。

このような思《おも》いはかることのできない名号《みょうごう》について、仏《ほとけ》は「もし聞《きこ》えないところがあるなら、わたしはさとりを開《ひら》かない」とお誓《ちか》いになっている。わたしたちはすでに「阿弥陀《あみだ》」という名号《みょうごう》を聞《き》いている。このことから、わたしたちの往生《おうじょう》の因《いん》はすでに完成《かんせい》していることを心得《こころえ》なければならない。「聞《き》く」というのは、ただ漠然《ばくぜん》と名号《みょうごう》を聞《き》くのではなく、本願他力《ほんがんたりき》の思《おも》いはかることのできないはたらきを聞《き》いて疑《うたが》わないことを「聞《き》く」というのである。名号《みょうごう》を聞《き》くということも、本願《ほんがん》が成就《じょうじゅ》されたことによって聞《き》くのであり、すべて他力《たりき》である。たとえ凡夫《ぼんぶ》の往生《おうじょう》の因《いん》を完成《かんせい》してくださったとしても、本願《ほんがん》の名号《みょうごう》を聞《き》かなかったなら、どうして本願《ほんがん》が成就《じょうじゅ》したと心得《こころえ》ることができるだろうか。このようなわけで、名号《みょうごう》を聞《き》いてもお姿《すがた》を礼拝《らいはい》しても、わたしの往生《おうじょう》の因《いん》を完《かん》成《せい》された名号《みょうごう》であると聞《き》き、「〈わたしたちを救《すく》わないようなら仏《ほとけ》にならない〉とお誓《ちか》いになった法蔵菩薩《ほうぞうぼさつ》の本願《ほんがん》はむなしいものではなく、さとりを開《ひら》かれたお姿《すがた》である」と思《おも》わないのは、聞《き》いていても聞《き》いていないことと同《おな》じであり、見《み》ていても見《み》ていないことと同《おな》じようなものである。

※『平等覚経《びょうどうがくきょう》』に「浄土《じょうど》の教《おし》えが説《と》かれるのを聞《き》いて信《しん》じ喜《よろこ》び、全身《ぜんしん》が震《ふる》えるほどに感動《かんどう》する」と説《と》かれているのは、何《なん》となく喜《よろこ》ぶのではない。わたしが迷《まよ》いの世界《せかい》を離《はな》れるための行《ぎょう》を励《はげ》もうとしても、さとりを求《もと》める心《こころ》もなく、真実《しんじつ》を見《み》きわめる智慧《ちえ》もない。※智慧《ちえ》

の目《め》も修行《しゅぎょう》の足《あし》も欠《か》けている身《み》であるから、火《ひ》の穴《あな》のような*地《じ》獄《ごく》・餓《が》鬼《き》・畜生《ちくしょう》の世界《せかい》に沈《しず》まなければならない身《み》である。そこで、願《がん》も行《ぎょう》も仏《ほとけ》のさとりの上《うえ》で完成《かんせい》して、機法一体《きほういったい》の南無阿弥陀仏《なもあみだぶつ》のさとりが完成《かんせい》されることのありがたさを思《おも》うとき、喜《よろこ》びのあまり踊《おど》りあがるほどにうれしいのである。『*無量寿経《むりょうじゅきょう》』に、「この法《ほう》を聞《き》いて、わずか一声念仏《ひとこえねんぶつ》する」とも、「名号《みょうごう》を聞《き》いて喜《よろこ》びたたえる」とも説《と》かれているのは、このこころである。これはわたしと関《かか》わりがないこととしてではなく、そのままわたしの往生《おうじょう》をすでに完成《かんせい》されている名号《みょうごう》であり、わたしの往生《おうじょう》を完成《かんせい》されているお姿《すがた》であると見《み》ることを、名号《みょうごう》を聞《き》くとも、お姿《すがた》を見《み》るともいうのである。このようないわれを心得《こころえ》ることを本願《ほんがん》を疑《うたが》いなく信《しん》じるというのである。

【六】　他力《たりき》の念仏《ねんぶつ》において信心《しんじん》が定《さだ》まった人《ひと》は、「身体《からだ》も南無阿弥陀《なもあみだ》

地獄・餓鬼・畜生　自らの罪業《ざいごう》の結果として衆生《しゅじょう》が趣く世界。地獄は地下にある牢獄の意で、苦しみのきわまった世界、餓鬼は常に飢餓に悩まされる世界、畜生は人にたくわえ養われて生きているものの意で、鳥・獣・虫・魚としての生存状態をいう。

無量寿経に…とも説かれている　この二句は、『往生礼讃《おうじょうらいさん》』（『註釈版聖典（七祖篇）』六七五、六七六頁）に『大経《だいきょう》』要文《ようもん》として引く文。

仏《ぶっ》」、「心《こころ》も南無阿弥陀仏《なもあみだぶつ》」であると思《おも》わなければならない。人間《にんげん》の身体《からだ》はというと、地《ち》・水《すい》・火《か》・風《ふう》の四《よっ》つの元素《げんそ》が集《あつ》まってできている。小乗《しょうじょう》の教《おし》えではこれ以上《いじょう》わけることができない最小《さいしょう》の元素《げんそ》からできているというが、わが身《み》をどれほど細《こま》かく砕《くだ》いてみても、*報《ほう》身《じん》である阿弥陀仏《あみだぶつ》の功徳《くどく》に染《そ》まらないところがあるはずはない。だから、機法一体《きほういったい》であるこの身体《からだ》も南無阿弥陀仏《なもあみだぶつ》なのである。心《こころ》はというと、煩悩《ぼんのう》やその苦悩《くのう》などをそなえ、その瞬間《しゅんかん》その瞬間《しゅんかん》に生《しょう》じたり滅《めっ》したりする。その心《こころ》を一瞬《いっしゅん》ごとにわけてみても、阿弥陀仏《あみだぶつ》の願《がん》と行《ぎょう》が満《み》ちわたらないところはない。だから、機法一体《きほういったい》であって、心《こころ》も南無阿弥陀仏《なもあみだぶつ》なのである。阿弥陀仏《あみだぶつ》の大《おお》いなる慈悲《じひ》の心《こころ》の中《なか》には、迷《まよ》いの世界《せかい》に常《つね》に沈《しず》んでいる人《ひと》が満《み》ちあふれているから、機法一体《きほういったい》であり、南無阿弥陀仏《なもあみだぶつ》なのである。誤《あやま》ったものの見方《みかた》にとらわれているわたしたちの心《こころ》の底《そこ》には、あらゆる世界《せかい》の人々《ひとびと》を救《すく》う

報身　因位《いんに》の誓願と修行に報いて成就《じょうじゅ》された仏身。

仏《ほとけ》の功徳《くどく》が満《み》ちわたってくださるから、機法一体《きほういったい》であり、南無阿弥《なもあみ》陀仏《だぶつ》なのである。

浄土《じょうど》と阿弥陀仏《あみだぶつ》も同《おな》じである。その浄土《じょうど》は、宝《たから》の樹々《きぎ》の葉一枚《はいちまい》に至《いた》るまできわめて重《おも》い罪悪《ざいあく》をそなえたわたしたちのためでないものはないから、機法一体《きほういったい》であり、南無阿弥陀仏《なもあみだぶつ》なのである。また阿弥《あみ》陀仏《だぶつ》は、眉間《みけん》の＊白毫《びゃくごう》から足裏《あしうら》にある＊千輻輪《せんぷくりん》に至《いた》るまで、迷《まよ》いの世《せ》界《かい》に常《つね》に沈《しず》んでいる人《ひと》の願《がん》と行《ぎょう》をまどかに満《み》たしているお姿《すがた》であるから、機法一体《きほういったい》であり、南無阿弥陀仏《なもあみだぶつ》なのである。わたしたちの※身《み》も心《こころ》も、どのようなときのどのような行《おこな》いも、報身《ほうじん》である阿弥陀仏《あみだぶつ》の功徳《くどく》の至《いた》らないところはない。そうであるから、南無《なも》と帰命《きみょう》するわたしたちと阿弥陀仏《あみだぶつ》はかたときも離《はな》れることがないので、一瞬《いっしゅん》一瞬《いっしゅん》がみな南無阿弥陀仏《なもあみだぶつ》なのである。だから、出《で》る息《いき》も入《はい》る息《いき》さえも、仏《ほとけ》の功徳《くどく》を離《はな》れる時《とき》がないので、すべてがみな南無阿弥陀仏《なもあみだぶつ》

白毫　仏の眉間にあり、右に巻いている白い細毛で、そこから光を放たれる。仏の三十二相の一。

千輻輪　仏の足の裏にある輪宝《りんぼう》の模様。千の放射状の輻《や》（車輪の輻）があることからいう。仏の三十二相の一。

そのものなのである。*金剛智《こんごうち》という人《ひと》は、常《つね》に水《みず》の相《そう》を心《こころ》に思《おも》い浮《う》かべていたところ、その心《こころ》に導《みちび》かれて身体《からだ》も池《いけ》となった。その法《ほう》に染《そ》まりきったなら、身《み》も心《こころ》もそのものになるのである。

【七】他力《たりき》の念仏《ねんぶつ》を疑《うたが》いなく受《う》け取《と》ったなら、身《み》も心《こころ》も南無阿弥陀《なもあみだ》仏《ぶつ》に立《た》ちかえるのであり、それが言葉《ことば》にあらわれた時《とき》、南無阿弥陀《なもあみだ》仏《ぶつ》と称《とな》えることが正《まさ》しく本願《ほんがん》の念仏《ねんぶつ》なのである。

念仏《ねんぶつ》というのは、必《かなら》ずしも口《くち》に南無阿弥陀仏《なもあみだぶつ》と称《とな》えることだけではない。阿弥陀仏《あみだぶつ》の功徳《くどく》は、南無《なも》と帰命《きみょう》するわたしたちのところに、十劫《じっこう》の昔《むかし》にさとりを開《ひら》かれたその時《とき》から完成《かんせい》されていた、という信心《しんじん》がおこることを念仏《ねんぶつ》というのである。このように疑《うたが》いなく受《う》け取《と》る道理《どうり》を表《あらわ》すと、南無阿弥陀仏《なもあみだぶつ》ということになる。この仏《ほとけ》の心《こころ》は大《おお》いなる慈悲《じひ》を根本《こんぽん》とし、愚《おろ》かな凡夫《ぼんぶ》をお救《すく》いになることを第一《だいいち》として、名体不二《みょうたいふに》のさとりを※ととのえられ、仏《ほとけ》のさとりも名号《みょうごう》と

金剛智　（六七一―七四一）南インドに生れ、唐《とう》の玄宗《げんそう》時代に訳経家《やくきょう》として活躍した。中国密教《みっきょう》の祖とされている。

なり、名号《みょうごう》にその功徳《くどく》をそなえるから、はっきりとこの不二《ふに》の道《どう》理《り》を知《し》らなくても、ただ信《しん》じる人《ひと》も、名号《みょうごう》を称《とな》えるので往生《おうじょう》するる。しかし能力《のうりょく》の劣《おと》った凡夫《ぼんぶ》であるから、あてもなくただ信《しん》じることもできない。その道理《どうり》を聞《き》きひらく時《とき》、信心《しんじん》はおこるのである。念仏《ねんぶつ》を称《とな》えても往生《おうじょう》できないことを、※曇鸞大師《どんらんだいし》は『※往生論《おうじょうろん》註《ちゅう》』に、「名号《みょうごう》のいわれにかなっていないから」と示《しめ》されている。「名号《みょうごう》のいわれにかなう」というのは、阿弥陀仏《あみだぶつ》の功徳《くどく》のはたらきによってわたしたちは往生《おうじょう》することができると信《しん》じ称《とな》えることである。受《う》け取《と》った信心《しんじん》を言葉《ことば》に表《あらわ》すのであるから、「南無阿弥陀《なもあみだ》仏《ぶつ》」という六字《ろくじ》の名号《みょうごう》のいわれをしっかりと心得《こころえ》ることを三心《さんしん》というのである。このようなわけで、仏《ほとけ》の功徳《くどく》は確《たし》かにわたしの身《み》に完成《かんせい》していると信《しん》じて、口《くち》に南無阿弥陀仏《なもあみだぶつ》と称《とな》えることが、三心《さんしん》をそなえた念仏《ねんぶつ》なのである。

自力《じりき》の人《ひと》の念仏《ねんぶつ》は、仏《ほとけ》を関《かか》わりのないものとして西方《さいほう》に置《お》き、わが身《み》を表向《おもてむ》きには凡夫《ぼんぶ》といって、その時《とき》だけ心《こころ》に仏《ほとけ》の他力《たりき》を思《おも》い名号《みょうごう》を称《とな》えるから、仏《ほとけ》とその人《ひと》は疎遠《そえん》となる。そして、少《すこ》しばかりさとりを求《もと》める心《こころ》が起《お》こった時《とき》には、往生《おうじょう》も身近《みぢか》に感《かん》じ、念仏《ねんぶつ》することが煩《わずら》わしくさとりを求《もと》める心《こころ》も薄《うす》れた時《とき》には、決《けつ》して往生《おうじょう》することができないと感《かん》じる。凡夫《ぼんぶ》の心《こころ》では、さとりを求《もと》める心《こころ》を起《おこ》すこともまれであるから、通常《つうじょう》は往生《おうじょう》することができる身《み》ではない。もしかしたらと待《ま》っていても、必《かなら》ず往生《おうじょう》できるという心《こころ》は臨《りん》終《じゅう》まで定《さだ》まることがないから、口《くち》に時々名号《ときどきみょうごう》を称《とな》えたとしても、往生《おうじょう》は期待《きたい》できない。たとえるなら、たまに高貴《こうき》な人《ひと》に会《あ》って仕《つか》える人《ひと》に似《に》ている。それは、どのようにしたら仏《ほとけ》のおこころにかなうであろうか、仏《ほとけ》にこびへつらって往生《おうじょう》のご恩《おん》を受《う》けられるであろうかと思《おも》うから、わたしの信心《しんじん》と仏《ほとけ》の大《おお》いなる慈悲《じひ》とが離《はな》ればなれになり、常《つね》に仏《ほとけ》と疎遠《そえん》な身《み》となるということである。このようなことでは、決《けつ》して往生《おうじょう》することはできない。

報身《ほうじん》である阿弥陀仏《あみだぶつ》の大《おお》いなる慈悲《じひ》の願《がん》と行《ぎょう》が、迷《まよ》っている人々《ひとびと》の心《こころ》の中《なか》にもともと入《い》り満《み》ちていることを知《し》らないままでいるが、他力《たりき》の念仏《ねんぶつ》というのは、仏《ほとけ》の側《がわ》で機法一体《きほういったい》の南無阿弥陀仏《なもあみだぶつ》のさとりとして完成《かんせい》されていると信《しん》じることである。願《がん》も行《ぎょう》もみな仏《ほとけ》のさとりの側《がわ》でととのえられていることであるから、拝《おが》む手《て》も称《とな》える口《くち》も信《しん》じる心《こころ》もすべて他力《たりき》というのである。

【八】このようなわけで、機法一体《きほういったい》の他力《たりき》の念仏《ねんぶつ》をあらわして、『観《かん》無量寿経《むりょうじゅきょう》』の*像観《ぞうかん》に、「諸仏如来《しょぶつにょらい》　是法界身《ぜほうかいしん》　入一切衆生《にゅういっさいしゅじょう》　心想《しんそう》中《ちゅう》（諸仏如来《しょぶつにょらい》はこれ*法界身《ほうかいしん》なり。一切衆生《いっさいしゅじょう》の心想《しんそう》のうちに入《はい》りたまふ）」と説《と》かれている。この文《もん》について善導大師《ぜんどうだいし》は『観経疏《かんぎょうしょ》』に、「〈法《ほう》界《かい》〉というのは、仏《ほとけ》に教《おし》え導《みちび》かれる世界《せかい》、すなわちすべての人々《ひとびと》の

像観　『観経』に説く定善《じょうぜん》十三観の第八観。阿弥陀仏の真身《しんしん》を観想するためのてだてとして、仏像を観ずること。

法界身　法界のあらゆるものを利益《りやく》し教化する仏身《ぶっしん》。

世界《せかい》である」（定善義《じょうぜんぎ》）と解釈《かいしゃく》されている。ここには、定善《じょうぜん》の人《ひと》ともいわず、さとりを求《もと》める心《こころ》をおこした人《ひと》とも説《と》かず、あらゆる世《せ》界《かい》の人々《ひとびと》を教《おし》え導《みちび》く対象《たいしょう》としている。だから「〈法界《ほうかい》〉というのは、仏《ほとけ》に教《おし》え導《みちび》かれる世界《せかい》、すなわちすべての人々《ひとびと》の世界《せかい》である」と解釈《かいしゃく》されるのである。まさしく阿弥陀仏《あみだぶつ》の功徳《くどく》が人々《ひとびと》の心《こころ》に行《い》きわたるから、身《み》にも行《い》きわたるといわれる。阿弥陀仏《あみだぶつ》の身《み》と心《こころ》の功徳《くどく》が、あらゆる世界《せかい》の人々《ひとびと》の身《み》の中《なか》や心《こころ》の底《そこ》に入《い》り満《み》ちるので、『観無量寿経《かんむりょうじゅきょう》』に「どの人《ひと》の心《こころ》の中《なか》にも入《い》り満《み》ちてくださっている」と説《と》かれているのである。このように信《しん》じる人《ひと》を念仏者《ねんぶつしゃ》というのである。

また*真身観《しんしんかん》について、『観経疏《かんぎょうしょ》』に「念仏者《ねんぶつしゃ》の*三業《さんごう》と、阿弥陀仏《あみだぶつ》の三業《さんごう》とは互《たが》いに離《はな》れない」（定善義《じょうぜんぎ》）と解釈《かいしゃく》されている。仏《ほとけ》のさとりは人々《ひとびと》の往生《おうじょう》によって開《ひら》かれ、その往生《おうじょう》は仏《ほとけ》のさとりによっ

真身観　『観経』に説く定《じょう》善《ぜん》十三観の第九観。阿弥陀仏の身相《しんそう》と光明《こうみょう》を観ずる法。

三業　身口意《しんくい》の行為。すべての行為を三類に区別したもの。身に行う身業《しんごう》、口に言う口業《くごう》（語業《ごごう》ともいう）、心に思う意業《いごう》（思業《しごう》ともいう）をいう。

て完成《かんせい》するから、人《ひと》の三業《さんごう》と仏《ほとけ》の三業《さんごう》は一体《いったい》で離《はな》れない。仏《ほとけ》のさとりのほかに人《ひと》の往生《おうじょう》はなく、願《がん》も行《ぎょう》もみな仏《ほとけ》のさとりの上《うえ》で完成《かんせい》してくださったと信《しん》じる人《ひと》を念仏者《ねんぶつしゃ》といい、この信心《しんじん》が言葉《ことば》にあらわれるのを南無阿弥陀仏《なもあみだぶつ》というのである。したがって、念仏者《ねんぶつしゃ》となったのだから、どれほど仏《ほとけ》から離《はな》れようと思《おも》っても、ほんの少《すこ》しも隔《へだ》たりはないのである。仏《ほとけ》の側《がわ》で機法一体《きほういったい》の南無阿弥陀仏《なもあみだぶつ》のさとりが完成《かんせい》されたのであるから、苦《くる》しみにさいなまれ、はっきりと仏《ほとけ》を心《こころ》に念《ねん》じることができずにいる下品下生《げぼんげしょう》の人《ひと》が称名《しょうみょう》して往生《おうじょう》するのは、称《とな》える時《とき》にはじめて往生《おうじょう》するのではない。極《きわ》めて重《おも》い罪悪《ざいあく》をそなえたわたしたちのために、もとより成就《じょうじゅ》してくださっている往生《おうじょう》であることを称《とな》えてあらわしているのである。

また、『無量寿経《むりょうじゅきょう》』に説《と》かれるように、＊仏《ぶつ》・法《ほう》・僧《そう》の三宝《さんぼう》がみな失《うしな》われた時代《じだい》に三宝《さんぼう》の名《な》さえもはっきりと知《し》らない人《ひと》が、一回称《いっかいとな》え

仏・法・僧の三宝　仏教徒として帰依《きえ》し供養《くよう》すべき三つの宝。仏はさとりを開いた人、法はその教え、僧はその教えを受けてさとりをめざす集団のこと。

て往生《おうじょう》するのも、称《とな》える時《とき》にはじめて往生《おうじょう》の因《いん》がととのうのではない。仏《ほとけ》のさとりの上《うえ》でととのえられた願《がん》と行《ぎょう》の功徳《くどく》がわたしたちに染《し》み込《こ》み、一声《ひとこえ》の称名《しょうみょう》にあらわれて、往生《おうじょう》というもっとも大切《たいせつ》なことが完成《かんせい》するのである。

【九】 このように心得《こころえ》たなら、わたしたちは今日《こんにち》この時《とき》に往生《おうじょう》するとしても、それはわたしの心《こころ》が立派《りっぱ》で念仏《ねんぶつ》するからでも、他力《たりき》を信《しん》じるわたしの心《こころ》の功徳《くどく》によるのでもない。勇《いさ》ましくひとすじに励《はげ》んでくださった仏《ほとけ》の功徳《くどく》は、十劫《じっこう》の昔《むかし》にさとりを開《ひら》かれたその時《とき》にわたしたちに成就《じょうじゅ》されていたものが、※あらわれてくるのである。仏《ほとけ》のさとりの功徳《くどく》は同時《どうじ》にすべての世界《せかい》の人々《ひとびと》に成就《じょうじゅ》されているが、それが昨日《きのう》あらわれる人《ひと》もあり、今日《きょう》あらわれる人《ひと》もある。すでに往生《おうじょう》した人《ひと》、今往生《いまおうじょう》する人《ひと》、これから往生《おうじょう》する人《ひと》という違《ちが》いはあるが、本願《ほんがん》に誓《ちか》われている因《いん》があらわれてくるから、仏《ほとけ》の願《がん》と行《ぎょう》のほかに、わたしたちから信心《しんじん》も行《ぎょう》も、何一《なにひと》つ付《つ》け加《くわ》えることはないのである。

念仏《ねんぶつ》というのは、この道理《どうり》をひとすじに思《おも》い、行《ぎょう》というのは、そのうれしさから礼拝《らいはい》しあつく敬《うやま》うことであるので、仏《ほとけ》のさとりと人々《ひとびと》の行《ぎょう》は一体《いったい》で離《はな》れない。仏《ほとけ》とわたしたちは、言葉《ことば》では言《い》い尽《つ》くせないほど、親《した》しく近《ちか》い。人々《ひとびと》の信心《しんじん》も阿弥陀仏《あみだぶつ》のはたらきも、一《いっ》体《たい》のものとして論《ろん》じていると知《し》るがよい。

安心決定鈔《あんじんけつじょうしょう》　末《まつ》

【一〇】『※浄土論《じょうどろん》』に、「如来浄華衆《にょらいじょうけしゅう》　正覚華化生《しょうがくけけしょう》（如来浄華《にょらいじょうけ》の衆《しゅう》は、正覚《しょうがく》の華《はな》より＊化生《けしょう》す）」といわれている。

＊他力《たりき》の大《おお》いなる信心《しんじん》を得《え》た人《ひと》を「浄土《じょうど》に生《う》まれる人々《ひとびと》」といわれる。この人々《ひとびと》は同《おな》じく「さとりの花《はな》」から生《う》まれるのである。「さとりの花《はな》」というのは、人々《ひとびと》の＊往生《おうじょう》をかけて「もし生《う》まれることができないなら、わたしは決《けっ》してさとりを開《ひら》かない」と誓《ちか》われた法蔵菩《ほうぞうぼ》薩《さつ》が、すべての世界《せかい》の人々《ひとびと》の願《がん》と行《ぎょう》をととのえられた時《とき》、機法一体《きほういったい》の南無阿弥陀仏《なもあみだぶつ》のさとりを完成《かんせい》された慈悲《じひ》のおこころがあらわれている蓮《はす》の花《はな》をいうのである。このことを『観無量寿経《かんむりょうじゅきょう》』の＊華座観《けざかん》には「苦悩《くのう》を除《のぞ》く仏《ほとけ》のさとり」とあり、＊下品下生段《げぼんげしょうだん》には「＊五逆《ごぎゃく》の

化生　真実信心の行者が報《ほう》土《ど》に生れること。

他力　阿弥陀仏の本願力《ほんがんりき》。阿弥陀仏が衆生を救済するはたらき。

往生　阿弥陀仏の浄土に往き生れること。

華座観　『観経《かんぎょう》』に説く定《じょう》善《ぜん》十三観の第七観。阿弥陀仏が坐す蓮華の台座を観ずること。

下品下生段　『観経』で下品下生について説かれる一段。

五逆　五種の重罪。一般には、①殺父《せっぷ》（父を殺す）、②殺母《せつも》（母を殺す）、③殺《せつ》阿羅漢《あらかん》（阿羅漢の聖者《しょうじゃ》を殺す）、④出仏身血《しゅつぶつしんけつ》（仏の身体を傷つけて出血させ

罪《つみ》を犯《おか》す人《ひと》を迎《むか》えとる蓮《はす》の花《はな》」と説《と》かれている。仏《ほとけ》の心《こころ》を蓮《はす》の花《はな》にたとえるのは、泥《どろ》のように濁《にご》った*凡夫《ぼんぶ》の*煩悩《ぼんのう》に染《そ》まらないさとりだからである。どうして仏《ほとけ》の心《こころ》である蓮《はす》の花《はな》から生《うま》れるのかというと、曇鸞大師《どんらんだいし》はこの文《もん》について『往生論註《おうじょうろんちゅう》』に、「同《おな》じく念仏《ねんぶつ》して生《うま》れるのであり、別《べつ》の道《みち》によるのではないからである」、「遠《とお》くあらゆる世界《せかい》に通《つう》じて、念仏者《ねんぶつしゃ》はみな兄弟《きょうだい》である」といわれている。善人《ぜんにん》か悪人《あくにん》かの違《ちが》いによって*九品《くぼん》の位《くらい》は異《こと》なるが、ともに他力《たりき》の願《がん》と行《ぎょう》におまかせし、同《おな》じく仏《ほとけ》のさとりを信《しん》じることにかわりはないから、「同《おな》じく念仏《ねんぶつ》して生《うま》れるのであり、別《べつ》の道《みち》によるのではないからである」といわれる。また、すでに往生《おうじょう》した人《ひと》も他力《たりき》の願《がん》と行《ぎょう》を信《しん》じて往生《おうじょう》したのであり、これから往生《おうじょう》する人《ひと》も阿弥陀仏《あみだぶつ》が完成《かんせい》された南無阿弥陀仏《なもあみだぶつ》を信《しん》じて往生《おうじょう》する。仏《ほとけ》の心《こころ》である蓮《はす》の花《はな》の中《なか》から生《うま》れるので、「念仏者《ねんぶつしゃ》はみな兄弟《きょうだい》である」といわれるので

る）、⑤破和合僧《はわごうそう》（教団の和合を破壊し分裂させる）の小乗《しょうじょう》の五逆をいうが、親鸞聖人は、これらを含む大乗《だいじょう》の五逆も用いておられる。

凡夫　愚かなものの意。真理にくらく、煩悩に束縛されて、迷いの世界を輪廻《りんね》するもの。

煩悩　身心を煩《わずら》わせ、悩ませる精神作用の総称。衆生《しゅじょう》はこの煩悩によって業《ごう》を起し、苦報《くほう》を受けて迷界に流転《るてん》する。煩悩のなかで代表的な貪欲《とんよく》（むさぼり）・瞋恚《しんに》（いかり）・愚痴《ぐち》（おろかさ）を三毒という。

九品　『観経』に説かれる九つの階位。浄土往生を願う人を、その行いによって九種に分類したもの。

ある。

【二】『観無量寿経《かんむりょうじゅきょう》』に「仏《ほとけ》のおすがたを想《おも》い描《えが》く人《ひと》は、仏《ほとけ》の心《こころ》を見《み》たてまつることになる。その仏《ほとけ》の心《こころ》は大《おお》いなる慈悲《じひ》の心《こころ》である」と説《と》かれている。仏《ほとけ》の心《こころ》は、わたしたちを哀《あわ》れみ、骨《ほね》の髄《ずい》にまで達《たつ》して染《し》み込《こ》んでくださっている。たとえば、火《ひ》が炭《すみ》におこって一《ひと》つとなっているようなものである。離《はな》そうとしても離《はな》れることがない。人々《ひとびと》を摂《おさ》め取《と》る*光明《こうみょう》はわたしたちを照《て》らし、身《み》から骨《ほね》の髄《ずい》にまで達《たつ》する。心《こころ》は、三毒《さんどく》の煩悩《ぼんのう》の心《こころ》であっても仏《ほとけ》の功徳《くどく》が染《し》み込《こ》まないところはない。

仏《ほとけ》の功徳《くどく》とわたしとがもとより一《ひと》つであることを南無阿弥陀仏《なもあみだぶつ》というのである。この信心《しんじん》がおこったなら、時々念仏《ときどきねんぶつ》を称《とな》えるだけでも、常《つね》に念仏《ねんぶつ》する人《ひと》というべきである。『観経疏《かんぎょうしょ》』の*三縁釈《さんえんしゃく》の中《なか》に、「口《くち》に常《つね》に、身《み》に常《つね》に」（定善義《じょうぜんぎ》）といわれるのは、この意味《いみ》で

光明　仏・菩薩《ぼさつ》の身心にそなわる光。迷いの闇を破し、真理をさとりあらわす仏・菩薩の智慧《ちえ》を象徴するもの。とくに阿弥陀仏については、『大経《だいきょう》』に無量光などの十二光をもってその光明の徳が示されている。

三縁釈　阿弥陀仏が念仏の衆生《しゅじょう》を摂取《せっしゅ》する三種の深いかかわりのこと。①親《しん》縁《えん》。衆生が口で仏名《ぶつみょう》を称え、身で仏を礼拝し、意で仏を念ずる時、これらを仏は聞き、見て、知り衆生と仏とは互いに憶念しあうという密接不離の関係にあること。②近縁《ごんえん》。衆生が仏を見たいと願えば目前にあらわれるという関係にあること。③増上縁《ぞうじょうえん》。衆生が名号《みょうごう》を称えれば多劫《たこう》の罪を除き、命の終るときに仏は聖《しょう》衆《じゅ》とともに来迎して、罪業

ある。仏《ほとけ》の*三業《さんごう》の功徳《くどく》を信《しん》じるから、人《ひと》の三業《さんごう》は仏《ほとけ》の智慧《ちえ》と一《ひと》つであり、仏《ほとけ》の果《は》てしなく長《なが》い間《あいだ》修《おさ》め続《つづ》けられた功徳《くどく》が人《ひと》の三業《さんごう》にあらわれるのである。

　また、かつて中国《ちゅうごく》に*傅大士《ふだいじ》という、*大乗《だいじょう》の教《おし》えにとても明《あか》るく、仏教《ぶっきょう》以外《いがい》の書物《しょもつ》にも詳《くわ》しい立派《りっぱ》な人《ひと》がおられた。その人《ひと》の言《こと》葉《ば》に、「*毎朝《まいあさ》、仏《ほとけ》とともに起き、毎晩《まいばん》、心《こころ》に仏《ほとけ》を抱《いだ》いて眠《ねむ》る」とある。ここでは*聖道門《しょうどうもん》で広《ひろ》く説《と》く*真如《しんによ》のさとりそのものである*法身《ほっしん》を指《さ》して「仏《ほとけ》」というが、長《なが》い間《あいだ》、行《ぎょう》を修《おさ》めてさとりを開《ひら》かれた*報《ほう》身《じん》として考《かんが》えてみても、少《すこ》しも違《ちが》ってはいないのである。人々《ひとびと》を摂《おさ》め取《と》る光明《こうみょう》に照《て》らし護《まも》られたなら、念仏《ねんぶつ》する人《ひと》もまたそれと同《おな》じである。毎朝《まいあさ》、報身《ほうじん》である阿弥陀仏《あみだぶつ》の功徳《くどく》をたもちながら起《お》き、毎《まい》晩《ばん》、阿弥陀仏《あみだぶつ》の智慧《ちえ》とともに眠《ねむ》る。

　関《かか》わりの薄《うす》い仏《ほとけ》がたの功徳《くどく》は、わたしたちから遠《とお》いのでどうする

の繋縛《けばく》に障礙《しょうげ》されず往生させること。

三業　身口意《しんくい》の行為。すべての行為を三類に区別したもの。身に行う身業《しんごう》、口に言う口業《くごう》（語業《ごごう》ともいう）、心に思う意業《いごう》（思業《しごう》ともいう）をいう。

傅大士　名は傅翕《ふきゅう》（四九七―五六九）。傅大士とも双《そう》林《りん》大士とも東陽《とうよう》大士とも呼ばれる。烏傷《うしょう》（現在の浙江省烏傷）の人。在俗の仏教信者で、民衆教化につとめ、弥勒《みろく》の下生《げしょう》と称された。転輪蔵《てんりんぞう》（回転式の書架）を発明したという。

大乗　大きな乗物という意。教法《きょうぼう》は衆生をさとりに向かわせる乗物であるから乗といい、大乗とは、自らさとりを求めるとともに、広く一切衆生をも救済

こともできない。真如《しんにょ》＊法性《ほっしょう》の道理《どうり》は近《ちか》くても、さとりの智慧《ちえ》のないわたしたちにはどうすることもできない。自《みずか》らの力《ちから》もさとりの智《ち》慧《え》も必要《ひつよう》としない他力《たりき》の願《がん》と行《ぎょう》を長《なが》い間《あいだ》わが身《み》にたもちながら、役《やく》に立《た》たない＊自力《じりき》の執《とら》われ心《こころ》につなぎとめられて、むなしく生《うま》れ変《かわ》り死《し》に変《かわ》りし続《つづ》ける迷《まよ》いの世界《せかい》にもどるのは、何《なん》とも悲《かな》しいことである。釈尊《しゃくそん》も、迷《まよ》いの世界《せかい》へ八千回《はっせんかい》にわたって現《あらわ》れたかいがないと、どれほど不憫《ふびん》に思《おも》われているであろう。また、阿弥陀仏《あみだぶつ》も、教化《きょうけ》しがたい人々《ひとびと》を導《みちび》いても兆《きざ》しがないと、どれほど悲《かな》しまれているであろう。たとえ一人《ひとり》でもこのような思《おも》いはかることのできない願《がん》と行《ぎょう》を信《しん》じるなら、実《じつ》に仏《ほとけ》の恩《おん》に報《むく》いることになるであろう。このようなわけで、※『安楽集《あんらくしゅう》』には、「すでにすべてをまかせることができる他力《たりき》の道《みち》がある。愚《おろ》かにも自力《じりき》にこだわって、いたずらに煩悩《ぼんのう》の燃《も》えさかる世界《せかい》にいようと思《おも》ってはならない」といわれている。こ

しようとする自利《じり》・利他《りた》の教えをいう。小乗に対する語。

毎朝…　『善慧大士語録《ぜんねだいしごろく》』巻三（『卍蔵経』六九、一一五下）の取意か。

聖道門　自力の修行によって、さとりを開くことをめざす教え。浄土門に対する語。

真如　衆生の虚妄分別を超えた、存在のありのままのすがた。

法身　色もなく形もない真如そのものである仏身《ぶっしん》。

報身　因位《いんに》の誓願と修行に報いて成就された仏身。

法性　すべての存在の真実常住《じょうじゅう》なる本性。

自力　自分の力で善根《ぜんごん》を修め、さとりを開こうとすること。

れは何《なん》とまことであることか。自力《じりき》の誤《あやま》った考《かんが》えをあらためて、他《た》力《りき》を信《しん》じることを、『往生礼讃《おうじょうらいさん》』に「つとめて迷《まよ》いをあらため、さとりの家《いえ》に帰《かえ》るがよい」ともいわれ、『観経疏《かんぎょうしょ》』に「さあ帰《かえ》ろう。迷《まよ》いの世界《せかい》にとどまるべきではない」（定善義《じょうぜんぎ》）とも解釈《かいしゃく》されている。

【三】　また、※『法事讃《ほうじさん》』に、「極楽無為涅槃界《ごくらくむいねはんがい》　随縁雑善恐難生《ずいえんぞうぜんくなんしょう》　故使如来選要法《こしにょらいせんようぼう》　教念弥陀専復専《きょうねんみだせんぶせん》（＊極楽《ごくらく》は＊無為涅槃《むいねはん》の界《さかい》なり。随縁《ずいえん》の雑《ぞう》善《ぜん》おそらくは生《しょう》じがたし。ゆゑに如来要法《にょらいようぼう》を選《えら》びて、教《おし》へて弥陀《みだ》を念《ねん》ぜしめて専《もっぱ》らにしてまた専《もっぱ》らなれ）」といわれている。この文《もん》のこころは、「極楽《ごくらく》は無為《むい》＊無漏《むろ》の世界《せかい》であるから、＊有為《うい》＊有漏《うろ》の自力《じりき》の＊善根《ぜんごん》では生《うま》れることができない。無為無漏《むいむろ》の他力《たりき》の念仏《ねんぶつ》によってこそ、無為《むい》＊常住《じょうじゅう》の真実《しんじつ》の浄土《じょうど》に生《うま》れることができる」ということである。

まず「随縁《ずいえん》の雑善《ぞうぜん》」というのは、自力《じりき》の行《ぎょう》を指《さ》すのである。まこ

極楽は…　真仏土文類《しんぶつどもんるい》の訓では、「専《もっぱ》らにしてまた専《もっぱ》らならしめたまへり」と読むが、本書の文脈を鑑みて、「専《もっぱ》らにしてまた専《もっぱ》らなれ」と表記した。

極楽　阿弥陀仏の浄土《じょうど》のこと。真実の楽しみが常にあり、苦しみがまったくない清浄《しょうじょう》な世界なので、このようにいう。

無為　生滅変化を超えた常住絶対なるもの。

無漏　有漏（煩悩《ぼんのう》）に対する語。煩悩のけがれのない清浄《しょうじょう》な状態をいう。ここでは煩悩のけがれのない浄土《じょうど》のこと。

有為　さまざまな因縁によってつくられた生滅変化するもの。

有漏　煩悩をもつもの。漏とはもれ出るもの、けがれの意で煩悩の異名。

とに仏法《ぶっぽう》について、※疑《うたが》いなく受《う》け取《と》る信心《しんじん》がおこることもない。*戒《かい》律《りつ》を守《まも》る僧《そう》が身近《みぢか》にいると「戒律《かいりつ》はこの世《よ》で尊《とうと》いことである」といい、あるいは「この世《よ》の利益《りやく》をいのるためにも、*真言《しんごん》を唱《とな》えさえすれば仏道《ぶつどう》に縁《えん》を結《むす》ぶことも無意味《むいみ》なことではなく、真言《しんごん》は尊《とうと》い」などという。このように、都合《つごう》が良《よ》いからといって周《まわ》りに流《なが》されて修《おさ》める善《ぜん》であるから、「随縁《ずいえん》の雑善《ぞうぜん》」として退《しりぞ》けられるのである。このようなことでは、たとえ念仏《ねんぶつ》しているといっても、その自力《じりき》の念《ねん》仏《ぶつ》は「随縁《ずいえん》の雑善《ぞうぜん》」と同《おな》じであろう。

【三】　一般《いっぱん》に人々《ひとびと》が考《かんが》える念仏《ねんぶつ》とは、心《こころ》に浄土《じょうど》と阿弥陀仏《あみだぶつ》をあきらかに想《おも》い描《えが》いて口《くち》に*名号《みょうごう》を称《とな》える時《とき》だけが念仏《ねんぶつ》であり、想《おも》い描《えが》くことも称《とな》えることもない時《とき》は念仏《ねんぶつ》ではないと思《おも》うようなものである。このようなものは無為常住《むいじょうじゅう》の念仏《ねんぶつ》とはいえない。称《とな》える時《とき》に出《で》てきて称《とな》えない時《とき》に消《き》えるのなら、それは無常《むじょう》にして移《うつ》り変《か》わる

善根　諸善を生ずるもとのこと。功徳《くどく》のたね。

常住　生滅変化を離れていること。

戒律　仏教に帰依《きえ》した者が行いを慎むために守るべき規則のこと。

真言　口に真言（密教《みっきょう》における呪句《じゅく》）を唱える行業。

名号　一般にはすべての仏・菩薩《ぼさつ》の名前を名号という。浄土教では、とくに阿弥陀仏の名を指していう。

念仏《ねんぶつ》である。

「無為《むい》」とは、「為《な》すこと無《な》し」と書く。＊小乗《しょうじょう》の教《おし》えでは、＊三無《さんむ》為《い》という。その中《なか》の虚空無為《こくうむい》というのは、虚空《こくう》は消《き》えることもはじめて出《で》てくることもないという意味《いみ》で、それは自然《しぜん》の道理《どうり》ということである。大乗《だいじょう》の教《おし》えでは、真如法性《しんにょほっしょう》などの常住《じょうじゅう》にして変《か》わることのない道理《どうり》を「無為《むい》」と説《と》くのである。『観経疏《かんぎょうしょ》』に、「法身《ほっしん》が常住《じょうじゅう》であるのは、たとえば虚空《こくう》のようである」（玄義分《げんぎぶん》）と解釈《かいしゃく》されるのも、浄土《じょうど》が常住《じょうじゅう》であるという利益《りやく》をあらわしているのである。このようなわけで、極楽浄土《ごくらくじょうど》を無為常住《むいじょうじゅう》の国《くに》というのは、凡夫《ぼんぶ》の行《おこな》いによって消《き》えたり出《で》てきたりするものではないのである。他力《たりき》の念仏《ねんぶつ》もまた同《おな》じである。その人《ひと》が想《おも》い描《えが》いたからといってあらためて出《で》てきたり、忘《わす》れたからといって消《き》えるようなものではない。この道理《どうり》をしっかりと心得《こころえ》なければならない。

小乗　自己のさとりだけを目的とする劣った乗物という意。大乗に対する語。

三無為　三種の無為。虚空無為（虚空そのもの）・択《ちゃく》滅《めつ》無為（無漏の智慧《ちえ》によって得る滅度《めつど》）・非択滅無為（智慧によるのではなく、ただ生ずべき縁を欠いているために不生《ふしょう》となる）の三。

【一四】 そもそも「念仏《ねんぶつ》」というのは、「仏《ほとけ》を念《ねん》じる」ということである。「仏《ほとけ》を念《ねん》じる」というのは、仏《ほとけ》の大《おお》いなる*本願《ほんがん》の業力《ごうりき》によって、人々《ひとびと》を迷《まよ》いの世界《せかい》につなぎとめているきずなを断《た》ち切《き》り、迷《まよ》いの世界《せかい》にもどることのない真実《しんじつ》の浄土《じょうど》に生《う》まれることができるようとのえてくださった功徳《くどく》を信《しん》じるということである。疑《うたが》いなく信《しん》じて本願《ほんがん》に乗《じょう》じると、人《ひと》の三業《さんごう》は仏《ほとけ》に抱《いだ》かれて、仏《ほとけ》のさとりに至《いた》るのである。このようなわけで、ここでいう「他力《たりき》の念仏《ねんぶつ》」とは、わたしたちが称《とな》えたり礼拝《らいはい》したり想《おも》い描《えが》いたりするといっても、それは自《みずか》ら起《おこ》した行《ぎょう》ではなく、ただ阿弥陀仏《あみだぶつ》が完成《かんせい》された行《ぎょう》をわたしが行《ぎょう》じているのであると心得《こころえ》なければならない。

【一五】 本願《ほんがん》というのは、五*劫《ごこう》にわたって思《おも》いをめぐらして立《た》てられた願《がん》であり、業力《ごうりき》というのは、はかり知《し》ることのできない長《なが》い間《あいだ》修《おさ》められた行《ぎょう》によって、十劫《じっこう》の昔《むかし》に開《ひら》かれた仏《ほとけ》のさとりのすべての

本願 仏が菩薩《ぼさつ》の時におこした誓願《せいがん》をいう。また衆生《しゅじょう》救済のためのまさしく根本となる願をいう。ここでは阿弥陀仏の四十八願中とくに第十八願を指す。

劫 梵語カルパの音写。インドの時間の単位。極めて長い時間のこと。

功徳《くどく》のことである。この願《がん》と行《ぎょう》の功徳《くどく》は、ただ未来《みらい》の悪《あく》に満《み》ちた世《よ》に生《い》きる智慧《ちえ》のないわたしたちのために、阿弥陀仏《あみだぶつ》が代《かわ》って行《ぎょう》を励《はげ》んでくださったものである。そして、すべての世界《せかい》の一人一人《ひとりひとり》のために、迷《まよ》いの世界《せかい》につなぎとめているきずなを断《た》ち切り、迷《まよ》いの世《せ》界《かい》にもどることのない真実《しんじつ》の浄土《じょうど》に往生《おうじょう》する願《がん》と行《ぎょう》の功徳《くどく》がまどかに満《み》たされた時《とき》、機《き》法一体《ほういったい》の南無阿弥陀仏《なもあみだぶつ》のさとりを完成《かんせい》されたのである。このさとりを信《しん》じることを他力《たりき》の念仏《ねんぶつ》というのであるから、その念仏《ねんぶつ》は決《けっ》してわたしたちの三業《さんごう》にとどまるものではない。

【一六】　一般《いっぱん》にわたしたちは、迷《まよ》いの世界《せかい》につなぎとめているきずなを断《た》ち切《き》るための行《ぎょう》を励《はげ》み、真実《しんじつ》の浄土《じょうど》に往生《おうじょう》するための願《がん》と行《ぎょう》に努《つと》めなければならない。しかし、そのような自力《じりき》の道理《どうり》に超《こ》えすぐれた阿弥陀仏《あみだぶつ》の本願《ほんがん》であるから、そのはたらきによって凡夫《ぼんぶ》の往《おう》生《じょう》はととのえられ完成《かんせい》されたことが、何《なん》とありがたいことであろうかと疑《うたが》いなく信《しん》じると、人《ひと》の三業《さんごう》は乗《の》る側《がわ》となって本願《ほんがん》のはたらきの上《うえ》に乗《の》せられ、阿弥陀仏《あみだぶつ》の本願《ほんがん》のはたらきは乗《の》せる側《がわ》となって、わたしたちの真実《しんじつ》の浄土《じょうど》に生《う》まれる乗《の》りものとなってくださるのである。このようなわけで、「疑《うたが》いなく信《しん》じて本願《ほんがん》に乗《じょう》じると、その三業《さんごう》はすべて仏《ほとけ》に抱《いだ》かれる」というのである。

仏《ほとけ》の願《がん》と行《ぎょう》は、決《けっ》して他《ほか》でもなく、まったくわたしたちの往生《おうじょう》のための願《がん》と行《ぎょう》そのものであるから、仏《ほとけ》のさとりの他《ほか》にわたしたちの往生《おうじょう》の行《ぎょう》を論《ろん》じないのである。このいわれを聞《き》きながら、仏《ほとけ》のさとりはわたしと関《かか》わりがないとさしおいて、何《なん》とかしてさとりを求《もと》める心《こころ》をおこし行《ぎょう》も清《きよ》らかにして往生《おうじょう》しようと思《おも》うことは、悲《かな》しむべき執着《しゅうじゃく》の心《こころ》である。

仏《ほとけ》のさとりはそのまま人々《ひとびと》の往生《おうじょう》の因《いん》を完成《かんせい》させるものであるから、それは人々《ひとびと》の往生《おうじょう》のための願《がん》と行《ぎょう》である。この行《ぎょう》は、人々《ひとびと》が念仏《ねんぶつ》するのか念仏《ねんぶつ》しないのかによるものではない。このようなわけで、仏《ほとけ》のさとりの他《ほか》に人々《ひとびと》の往生《おうじょう》の行《ぎょう》を論《ろん》じないというのである。この仏《ほとけ》のさとりを疑《うたが》いなく心《こころ》に受《う》け取《と》ることを、三心《さんしん》とも信心《しんじん》ともいう。この機法一体《きほういったい》のさとりは＊名体不二《みょうたいふに》であるから、口《くち》に称《とな》えるところを南無阿弥陀仏《なもあみだぶつ》という。だから、心《こころ》に信《しん》じることも口《くち》に称《とな》えることも、阿弥陀仏《あみだぶつ》が完成《かんせい》された仏《ほとけ》の側《がわ》での南無阿弥陀仏《なもあみだぶつ》に立《た》ちかえる。たとえ千回称《せんかいとな》えたとしても、その南無阿弥陀仏《なもあみだぶつ》から離《はな》れることはない。

また、気《き》が進《すす》まず怠《なま》けてしまうような時《とき》、称《とな》えたり想《おも》い描《えが》くことなく昼夜《ちゅうや》を過《す》ごしても、他力《たりき》の信心《しんじん》を得《え》て本願《ほんがん》に乗《じょう》じたなら、仏《ほとけ》のさとりは長《なが》い間《あいだ》修《おさ》められた行《ぎょう》そのものであり、途中《とちゅう》でおこたり途《と》切《ぎ》れることがないから、名号《みょうごう》は無為常住《むいじょうじゅう》であると心得《こころえ》るのである。『観経疏《かんぎょうしょ》』に、「阿弥陀仏《あみだぶつ》というのは、すなわち人々《ひとびと》が浄土《じょうど》に

名体不二　南無阿弥陀仏の名号（名）と阿弥陀仏という仏体《ぶったい》（体）とが一つであって異なるものではないということ。

往生《おうじょう》する行《ぎょう》である」（玄義分《げんぎぶん》）といわれているのは、このこころである。

【一七】また、「ここでいう〈他力《たりき》の念仏《ねんぶつ》〉とは、わたしたちが称《とな》えたり礼拝《らいはい》したり想《おも》い描《えが》いたりするといっても、それは自《みずか》ら起《おこ》した行《ぎょう》ではなく、ただ阿弥陀仏《あみだぶつ》が完成《かんせい》された行《ぎょう》をわたしが行《ぎょう》じているのである」と述《の》べたのは、疑《うたが》いなく信《しん》じて本願《ほんがん》に乗《じょう》じ、わたしたちの三《さん》業《ごう》がすべて仏《ほとけ》のはたらきに乗《じょう》じているということである。そうすると、身《み》も心《こころ》も仏《ほとけ》から離《はな》れたものではなく、口《くち》に称《とな》えるのも機法一体《きほういったい》の南無阿弥陀仏《なもあみだぶつ》のありがたさから称《とな》え、礼拝《らいはい》するのも身《み》にあまる他《た》力《りき》の恩徳《おんどく》のうれしさから礼拝《らいはい》するのである。だから、わたしたちは称《とな》えても想《おも》い描《えが》いても、わたしたちの功徳《くどく》をたよりにするのではなく、「わたしは、ただ阿弥陀仏《あみだぶつ》が完成《かんせい》された凡夫《ぼんぶ》の行《ぎょう》を行《ぎょう》じているる」というのである。

【一八】　さとりは無為無漏《むいむろ》であり、仏《ほとけ》とその浄土《じょうど》も無為無漏《むいむろ》である。そうすると、名体不二《みょうたいふに》であるから名号《みょうごう》もまた無為無漏《むいむろ》である。このようなわけで、他力《たりき》の念仏《ねんぶつ》に立《た》ちかえって「＊専《もっぱ》らにしてまた専《もっぱ》らなれ」（法事讃《ほうじさん》）といわれるのである。

　ここには「※専《せん》」の字《じ》が二《ふた》つある。まず＊雑行《ぞうぎょう》を捨《す》てて、＊正行《しょうぎょう》を取《と》るということが、はじめの「専《せん》」である。さらに、＊助業《じょごう》をさしおいて＊正定業《しょうじょうごう》に立《た》ちかえるということが、後《のち》の「専《せん》」である。また、はじめの「専《せん》」は一行《いちぎょう》ということであり、後《のち》の「専《せん》」は一心《いっしん》ということである。一行一心《いちぎょういっしん》であることを、「専《もっぱ》らにしてまた専《もっぱ》らなれ」というのである。ここでいう正定業《しょうじょうごう》とは、わたしたちの三業《さんごう》にわたって行《ぎょう》じる念仏《ねんぶつ》ではない。時《とき》の長短《ちょうたん》を問《と》わず、いついかなるときも、摂《おさ》め取《と》って決《けっ》して捨《す》てない仏《ほとけ》のはたらきが、そのまま凡夫《ぼんぶ》の往生《おうじょう》の正定業《しょうじょうごう》であり、名号《みょうごう》も名体不二《みょうたいふに》であるから正定業《しょうじょうごう》

専らにしてまた専らなれ　三三頁参照

雑行　雑は邪雑《じゃぞう》、雑多の意。本来はこの土で仏になることをめざす聖道門《しょうどうもん》の行である諸善万行を、往生行として転用したものであるから、このようにいう。

正行　正当純正なる往生行。①読誦《どくじゅ》（阿弥陀仏について説かれた浄土三部経《じょうどさんぶきょう》を読誦すること）、②観察《かんざつ》（阿弥陀仏とその浄土のすがたを心に想いうかべること）、③礼拝《らいはい》（阿弥陀仏を礼拝すること）、④称名《しょうみょう》（阿弥陀仏の名号を称えること）、⑤讃嘆供養《さんだんくよう》（阿弥陀仏の功徳《くどく》をほめたたえ、衣食香華《えじきこうげ》などをささげて供養すること）の五種をいう。

助業　五正行《ごしょうぎょう》の中の称名以外の読誦・観察・礼拝・

なのである。この機法一体《きほういったい》の南無阿弥陀仏《なもあみだぶつ》に立《た》ちかえることを他力《たりき》の念仏《ねんぶつ》というのである。このようなわけで、わたしたちが念仏《ねんぶつ》するのか念仏《ねんぶつ》しないのかによるのではなく、何《なに》ものにもさまたげられない仏《ほとけ》の智慧《ちえ》によって機法一体《きほういったい》として完成《かんせい》されているから、名号《みょうごう》は無為無漏《むいむろ》である。このこころを表《あらわ》して「*極楽無為《ごくらくむい》」といわれるのである。

【一九】 他力《たりき》の念仏《ねんぶつ》というのは、わたしたちが自《みずか》ら信《しん》じることを根本《こんぽん》とするのではなく、仏《ほとけ》の大《おお》いなる慈悲《じひ》が人々《ひとびと》を摂《おさ》め取《と》ってくださると信《しん》じるということである。仏《ほとけ》の功徳《くどく》も、もとより人々《ひとびと》のところに機法一体《きほういったい》として完成《かんせい》されているから、疑《うたが》いなく信《しん》じる心《こころ》がおこるといっても、はじめて信《しん》じるのではない。機法一体《きほういったい》として完成《かんせい》された功徳《くどく》が、人々《ひとびと》の心《こころ》にあらわれ出《で》るのである。南無阿弥陀仏《なもあみだぶつ》と称《とな》えても、称《とな》えることで仏《ほとけ》のさとりに近《ちか》づくのではない。機法一体《きほういったい》の南無《なも》

讃嘆供養は、称名の助となる行業《ぎょうごう》であるから助業という。

正定業　正しく衆生の往生が決定《けつじょう》する業因《ごういん》。本願の行である称名念仏を指す

極楽無為　三三頁参照

阿弥陀仏《あみだぶつ》のさとりの功徳《くどく》が人々《ひとびと》の口《くち》にあらわれるのである。疑《うたが》いなく信《しん》じ称《とな》えるとき、仏《ほとけ》のさとりに立《た》ちかえっているのである。

【二〇】　※自力《じりき》・他力《たりき》、太陽《たいよう》の事《こと》。

自力《じりき》で往生《おうじょう》しようと思《おも》うことは、闇夜《やみよ》に自分《じぶん》の眼《まなこ》の力《ちから》でものを見《み》ようと思《おも》うようなものであり、決《けっ》して見《み》ることはかなわない。太《たい》陽《よう》の光《ひかり》を眼《まなこ》に受《う》け取《と》って対象《たいしょう》となるものを映《うつ》し見《み》ることは、まったく太陽《たいよう》の力《ちから》である。ただし、太陽《たいよう》が照《て》らすという因《いん》はあっても、※眼《まなこ》が不自由《ふじゆう》なものは見《み》ることができない。また、眼《まなこ》が見《み》えるという縁《えん》はあっても、闇夜《やみよ》では見《み》ることができない。太陽《たいよう》と眼《まなこ》という因縁《いんねん》がそろって、ものを見《み》ることができるようなものである。

疑《うたが》いなく信《しん》じ本願《ほんがん》の功徳《くどく》を受《う》け取《と》って、往生《おうじょう》というもっとも大《たい》切《せつ》なことを成《な》し遂《と》げることができるのである。疑《うたが》いなく信《しん》じる心《こころ》は眼《まなこ》のようなものであり、人々《ひとびと》を摂《おさ》め取《と》る光明《こうみょう》は太陽《たいよう》のようなものである。「南無《なも》」というのは、疑《うたが》いなく信《しん》じるということであり、眼《まなこ》にあたる。「阿弥陀仏《あみだぶつ》」というのは、他力《たりき》の本願《ほんがん》のはたらきそのものであり、太陽《たいよう》にあたる。だから、本願《ほんがん》の功徳《くどく》を受《う》け取《と》るということは、仏《ほとけ》の教《おし》えを聞《き》く*機縁《きえん》の熟《じゅく》した人《ひと》が「南無《なも》」と疑《うたが》いなく信《しん》じ「阿弥陀仏《あみだぶつ》」と一声称《ひとこえとな》える六字《ろくじ》のうちに、あらゆる行《ぎょう》や善根《ぜんごん》、はかり知《し》ることのできない功徳《くどく》が完成《かんせい》されるということである。このようなわけで、他力《たりき》の念仏《ねんぶつ》の他《ほか》に功徳《くどく》や善根《ぜんごん》を求《もと》めるべきではない。

【二】　四種《ししゅ》の往生《おうじょう》の事《こと》。

四種《ししゅ》の往生《おうじょう》というのは、一《ひと》つには正念往生《しょうねんおうじょう》である。これは『※阿《あ》弥陀経《みだきょう》』に、「心《こころ》が乱《みだ》れ惑《まど》うことなく、ただちに往生《おうじょう》することができる」と説《と》かれている。

機縁　教えを信受する衆《しゅ》生《じょう》、また教えを説くにふさわしい状況のこと。

二《ふた》つには狂乱往生《きょうらんおうじょう》である。これは『観無量寿経《かんむりょうじゅきょう》』の*下品段《げぼんだん》に、「*十悪《じゅうあく》の罪《つみ》を犯《おか》し、戒律を破り、五逆《ごぎゃく》の罪《つみ》を犯《おか》した人《ひと》が、はじめは臨終《りんじゅう》に心《こころ》が激《はげ》しく乱《みだ》れて苦《くる》しみもがき、身体《からだ》から白《しろ》い汗《あせ》を流《なが》し、地獄《じごく》の猛火《もうか》が現《あらわ》れても、*善知識《ぜんぢしき》にめぐりあって教《おし》えを聞《き》き、あるいは一声《ひとこえ》の称名《しょうみょう》で、あるいは一念《いちねん》で、あるいは十声《とこえ》の称名《しょうみょう》で往生《おうじょう》することができる」と説《と》かれている。

三《みっ》つには*無記往生《むきおうじょう》である。これは『*群疑論《ぐんぎろん》』に示《しめ》されている。ある人《ひと》がまだ無記《むき》の心《こころ》ではなかった時《とき》、人々《ひとびと》を摂《おさ》め取《と》る光明《こうみょう》に照《て》らされて、疑《うたが》いなく信《しん》じる心《こころ》がおこった。しかし、迷《まよ》いの世界《せかい》に生《せい》を受《う》けてから、そうなるべき因《いん》によって無記《むき》の心《こころ》になってしまっても、阿弥陀仏《あみだぶつ》の智慧《ちえ》のはたらきに導《みちび》かれているので、往生《おうじょう》することは疑《うたが》いないのである。たとえば、夜眠《よるねむ》っていても、月《つき》の光《ひかり》は照《て》らし続《つづ》けるようなものである。無記《むき》の心《こころ》であっても、人々《ひとびと》を摂《おさ》め取《と》る

下品段　『観経』で下品上生《げぼんじょうしょう》・下品中生《げぼんちゅうしょう》・下品下生《げぼんげしょう》について説かれる一段。

十悪　十種の悪い行為のこと。①殺生《せっしょう》、②偸盗《ちゅうとう》（ぬすみ）、③邪婬《じゃいん》、④妄語《もうご》（うそいつわり）、⑤両舌《りょうぜつ》（人を仲たがいさせる言葉）、⑥悪口《あっく》、⑦綺語《きご》（まことのないかざった言葉）、⑧貪欲《とんよく》（むさぼり）、⑨瞋恚《しんに》（いかり）、⑩愚痴《ぐち》（おろかさ）をいう。

善知識　仏教の道理を説いて、仏道に縁を結ばせる人。

無記往生　無記は本来は善でも悪でもない行為をいうが、ここでは善悪のけじめもつかないような心の状態のままで往生することをいう。

群疑論　『釈浄土群疑論《しゃくじょうどぐんぎろん》』のこと。懐感《えかん》の著である

光明《こうみょう》は絶《た》えることがないので、そのはたらきによって無記《むき》の心《こころ》でありながら往生《おうじょう》するのである。因果《いんが》の道理《どうり》を知《し》らない人《ひと》は、※どうして仏《ほとけ》のはたらきがあってわずかでも無記《むき》の心《こころ》になるようなことがあるのかと非難《ひなん》し、また無記《むき》の心《こころ》になるようではとても往生《おうじょう》することはできないなどと思《おも》う。それは、詳《くわ》しく聖教《しょうぎょう》の内容《ないよう》を理解《りかい》せず、因果《いんが》の道理《どうり》に惑《まど》い、思《おも》いはかることのできない仏《ほとけ》の智慧《ちえ》を疑《うたが》うからである。

四《よっ》つには意念往生《いねんおうじょう》である。これは『*法鼓経《ほっくきょう》』に説《と》かれている。声《こえ》に出《だ》して称《とな》えなくとも、心《こころ》に思《おも》うことで往生《おうじょう》できるというのである。

この四種《ししゅ》の往生《おうじょう》は、※源空聖人《げんくうしょうにん》の御解釈《ごかいしゃく》である。

世間《せけん》では詳《くわ》しくこのことを知《し》らずに、臨終《りんじゅう》に念仏《ねんぶつ》を称《とな》えず、また無記《むき》であるから往生《おうじょう》できないといい、名号《みょうごう》を称《とな》えたら往生《おうじょう》でき

が、本書の完成をまたずに没し、懐惲《えうん》が補筆した。

法鼓経　『大法鼓経《だいほっくきょう》』のこと。二巻。劉宋《りゅうそう》の求那跋《ぐなばっ》陀羅《だら》訳。ここでは、『安楽集《あんらくしゅう》』（下）所引の『法鼓経』の文（『註釈版聖典（七祖篇）』二六三頁）によるものであろう。

るなどと思《おも》うこともあるかもしれないが、それらは何《なん》とも粗雑《そざつ》な考《かんが》えである。*五百人《ごひゃくにん》の長者《ちょうじゃ》の子《こ》たちは、臨終《りんじゅう》に仏《ほとけ》の名号《みょうごう》を称《とな》えたが往生《おうじょう》できなかったように、臨終《りんじゅう》に声《こえ》に出《だ》して称《とな》えても、疑《うたが》いなく信《しん》じる心《こころ》がおこらない人《ひと》は、人間《にんげん》や天人《てんにん》といった迷《まよ》いの世界《せかい》に生《うま》れることになると、*『守護国界経《しゅごこっかいきょう》』に説《と》かれている。このようなわけで、先《さき》の*四種《ししゅ》の人々《ひとびと》であっても、疑《うたが》いなく信《しん》じる心《こころ》をおこしたなら、みな往生《おうじょう》するに違《ちが》いない。

※天親菩薩《てんじんぼさつ》は『浄土論《じょうどろん》』に、「尽十方無礙光如来《じんじっぽうむげこうにょらい》に帰命《きみょう》したてまつる」といわれている。奥深《おくぶか》い教《おし》えも、身近《みぢか》なたとえによって理解《りかい》できるであろう。

たとえば、太陽《たいよう》は*観音菩薩《かんのんぼさつ》を表《あらわ》す。観音菩薩《かんのんぼさつ》の光《ひかり》を、赤子《あかご》のころから眼《まなこ》に受《う》けていても、幼《おさな》い時《とき》はわからない。少《すこ》しばかり利口《りこう》になり、自《みずか》らの眼《まなこ》の光《ひかり》によってものを見《み》ていると思《おも》っていると、太《たい》

五百人の…　『往生要集《おうじょうようしゅう》』（下）所引の『観仏三昧経《かんぶつざんまいきょう》』取意の文（『註釈版聖典（七祖篇）』一〇八二頁）および『守護国界経』巻十の文によるものであろう。

守護国界経　『守護国界主陀羅尼経《しゅごこっかいしゅだらにきょう》』のこと。十巻。唐の般若《はんにゃ》・牟尼室利《むにしり》共訳。国界主（国王）を守護する陀羅尼の功徳《くどく》を説く。

四種の人々　四種往生のこと。四四頁参照

観音菩薩　阿弥陀仏の左の脇士《きょうじ》で、阿弥陀仏の慈悲《じひ》の徳をあらわす菩薩。

陽《よう》のことを心得《こころえ》ている人《ひと》が「自《みずか》らの眼《まなこ》の光《ひかり》でものを見《み》ているというのなら、夜《よる》であっても見《み》ることができるはずである。ただちに本来《ほんらい》の太陽《たいよう》の光《ひかり》に立《た》ちかえるべきである」と言《い》う。それを信《しん》じて太陽《たいよう》の光《ひかり》に立《た》ちかえったものであるなら、わたしの眼《まなこ》の光《ひかり》と思《おも》っていたものがそのまま観音菩薩《かんのんぼさつ》の光《ひかり》であったと気《き》がつくようなものである。

「帰命《きみよう》」ということもまた同《おな》じである。何《なに》も知《し》らない時《とき》のわたしの命《いのち》もそのまま阿弥陀仏《あみだぶつ》の命《いのち》であるが、幼《おさな》い時《とき》はわからない。少《すこ》しばかり利口《りこう》になり、自《みずか》らの力《ちから》で生《い》きているわたしの命《いのち》と思《おも》っていると、善知識《ぜんぢしき》が「本来《ほんらい》の阿弥陀仏《あみだぶつ》の命《いのち》に立《た》ちかえれ」と教《おし》えるのを聞《き》いて、無量寿《むりようじゆ》の阿弥陀仏《あみだぶつ》に帰命《きみよう》したなら、わたしの命《いのち》はそのまま阿弥陀仏《あみだぶつ》の無量寿《むりようじゆ》であると信《しん》じるのである。

このように帰命《きみよう》することを、善導大師《ぜんどうだいし》は「正念《しようねん》を得《う》（信心《しんじん》を得《え》る）」（往生礼讃《おうじようらいさん》）と解釈《かいしやく》されているのである。

すでに帰命《きみょう》して信心《しんじん》を得《え》た人《ひと》は、たとえさまたげとなる罪《つみ》が重《おも》く、帰命《きみょう》の後《あと》に無記《むき》になっても往生《おうじょう》することができる。先《さき》の＊『群《ぐん》疑論《ぎろん》』に、「無記《むき》の心《こころ》でありながら往生《おうじょう》する」というのは、「人々《ひとびと》を摂《おさ》め取《と》る光明《こうみょう》に照《て》らされたなら、その無記《むき》の心《こころ》はおさまり、信《しん》じ喜《よろこ》ぶ心《こころ》を得《え》て往生《おうじょう》する」ということである。

また、『観無量寿経《かんむりょうじゅきょう》』に説《と》かれる＊下三品《げさんぼん》の人《ひと》は、まだ帰命《きみょう》していない時《とき》には、地獄《じごく》の様相《ようそう》が現《あらわ》れて心《こころ》が激《はげ》しく乱《みだ》れていたが、善知識《ぜんぢしき》に勧《すす》められて帰命《きみょう》したので往生《おうじょう》したのである。

また、平生《へいぜい》に帰命《きみょう》していた人《ひと》は、日頃《ひごろ》から人々《ひとびと》を摂《おさ》め取《と》ってくださる利益《りやく》を得《え》るから、臨終《りんじゅう》にも心《こころ》が乱《みだ》れ惑《まど》うことなく往生《おうじょう》する。これを正念往生《しょうねんおうじょう》と名《な》づけるのである。

また、疑《うたが》いなく信《しん》じる心《こころ》がおこったからには、「たとえ声《こえ》に出《だ》して念仏《ねんぶつ》することなく命《いのち》を終《お》えても、やはり往生《おうじょう》することができる」

群疑論　四五頁参照

下三品　九品《くぼん》のうちの下品《げぼん》上生《じょうしょう》、下品《げぼん》中生《ちゅうしょう》、下品《げぼん》下生《げしょう》。

と『法鼓経《ほっくきょう》』に説《と》かれている。これを意念往生《いねんおうじょう》というのである。

このようなわけで、いずれにしても思《おも》いはかることのできない他《た》力《りき》の信心《しんじん》が定《さだ》まったなら、往生《おうじょう》は疑《うたが》いないのである。

【三】『*観仏三昧経《かんぶつざんまいきょう》』に、「長者《ちょうじゃ》に一人《ひとり》の娘《むすめ》がいた。長者《ちょうじゃ》は臨終《りんじゅう》にあたって遺産《いさん》としてこの上《うえ》ない紫金《しこん》の宝《たから》を与《あた》えた。娘《むすめ》はその宝《たから》を汚《よご》れたもので包《つつ》んで泥《どろ》の中《なか》に埋《う》めておいた。国王《こくおう》は家来《けらい》を遣《つか》わして奪《うば》い取《と》ろうとした。家来《けらい》はこの泥《どろ》を踏《ふ》んでいったが知《し》らずに帰《かえ》ったのである。その後《ご》、娘《むすめ》はその宝《たから》を取《と》り出《だ》して商売《しょうばい》をし、以前《いぜん》よりも裕福《ゆうふく》になった」と説《と》かれている。

これはたとえである。「国王《こくおう》」というのは、自《みずか》らの心《こころ》をたとえている。「宝《たから》」というのは、さまざまな善《ぜん》をたとえている。「家来《けらい》」というのは、*六賊《ろくぞく》をたとえている。これらの六賊《ろくぞく》によってさまざまな

観仏三昧経　『観仏三昧海経《かんぶつざんまいかいきょう》』のこと。東晋《とうしん》の仏駄跋陀羅《ぶっだばつだら》訳。

六賊　眼《げん》・耳《に》・鼻《び》・舌《ぜつ》・身《しん》・意《い》の六根《ろっこん》（六の感覚器官）を賊に喩えたもの。六根は色《しき》・声《しょう》・香《こう》・味《み》・触《そく》・法《ほう》の外賊をいざない、貪《とん》・瞋《しん》・痴《ち》の煩悩の内賊をはたらかせる媒介となるところからいう。

善《ぜん》を奪《うば》い取《と》られて生《い》きていけないことを、迷《まよ》いの世界《せかい》から離《はな》れる縁《えん》のないことにたとえている。

「泥《どろ》の中《なか》から宝《たから》を取《と》り出《だ》して何不自由《なにふじゆう》なく裕福《ゆうふく》になる」というのは、他力《たりき》の念仏《ねんぶつ》によって信心《しんじん》が定《さだ》まったなら、たちまち阿弥陀仏《あみだぶつ》の浄土《じょうど》に往生《おうじょう》することができることをたとえている。「汚《よご》れたもので包《つつ》んで泥《どろ》の中《なか》に埋《う》めておく」というのは、さまざまな濁《にご》りに満《み》ちた世《よ》の凡夫《ぼんぶ》や※煩悩《ぼんのう》に汚《よご》れた女性《じょせい》こそ往生《おうじょう》すべき人々《ひとびと》であるとたとえているのである。

【三】　薪《たきぎ》に火《ひ》をつけたなら、火《ひ》が薪《たきぎ》から離《はな》れることはない。「薪《たきぎ》」は、念仏者《ねんぶつしゃ》の心《こころ》をたとえている。「火《ひ》」は、摂《おさ》め取《と》って決《けっ》して捨《す》てないという阿弥陀仏《あみだぶつ》の光明《こうみょう》をたとえている。人々《ひとびと》は仏《ほとけ》の光明《こうみょう》に照《て》らし護《まも》られているので、わたしの心《こころ》を離《はな》れて仏《ほとけ》の心《こころ》があるのではなく、仏《ほとけ》の心《こころ》を離《はな》れてわたしの心《こころ》があるのでもない。これを南無阿弥《なもあみ》陀仏《だぶつ》と名《な》づけるのである。

安心決定鈔　末

訳註

凡　例

一、訳註は、解釈の分れる箇所や、留意すべき重要な箇所について、本文の頁数を付して掲載した。
二、見出しについては、註を付す箇所の全体をあげ、またはその始めと終りを「…」でつないで示した。
三、とくに内容的に関連すると思われる訳註については、その参照すべき見出しへの指示を、註記の末尾に「→○○」として示した。
例 → ＝ **阿弥陀仏**
四、訳註において用いた「原文」の語は、底本である『註釈版聖典』の本文を指す。

三　阿弥陀仏　阿弥陀仏とは、西方浄土（極楽世界）にあって大悲の本願をもって生きとし生けるものすべてを平等に救済しつつある仏である。『無量寿経《むりょうじゅきょう》』には、過去無《む》数劫《しゅこう》（無限の過去）に一人の国王があり、出家して法蔵《ほうぞう》（ダルマーカラ）と名乗り、世自在王仏《せじざいおうぶつ》の弟子となって、諸仏の浄土を見て五劫の間思惟し、一切衆生《しゅじょう》を平等に救おうとして四十八願をおこし、兆載永劫《ちょうさいようごう》（無限の時間）の修行を経て阿弥陀仏と成られたと説かれている。因位《いんに》の法蔵菩薩《ぼさつ》が願と行に報われて仏と成られたのであり、このような仏を報身仏《ほうじんぶつ》と呼ぶ。そして四十八願には、光明《こうみょう》無量（第十二願）、寿命無量（第十三願）の仏と成ろうと願われており、その願いに報いて成就されたので、無量光（アミターバ）、無量寿（アミターユス）の徳をもち、このような徳をあらわすために阿弥陀と名づけられたといわれている。無量寿とは仏のはたらきの時間的無限性をあらわし、無量光とは空間的無辺性をあらわしており、時間的空間的な限定を超えて、あらゆる衆生をもらさず救う仏の名である。これによって親鸞聖人は、「摂取《せっしゅ》してすてざれば

阿弥陀《あみだ》となづけたてまつる」（『註釈版聖典』五七一頁）

といわれる。また、曇鸞大師《どんらんだいし》の教えによって法性《ほっしょう》・方便の二種法身《ほっしん》として阿弥陀仏を説明されている。法性法身とは、さとりそのものである法性真如を本身とする仏身のことで、それはあらゆる限定をこえ、わたしどもの認識を超えたものである。これについて『唯信鈔文意《ゆいしんしょうもんい》』では、「いろもなし、かたちもましまさず。しかれば、こころもおよばれず、ことばもたえたり」（同七〇九頁）とある。そして方便法身とは、「この一如《いちにょ》（法性法身）よりかたちをあらはして、方便法身《ほうべんほっしん》と申《もう》す御《おん》すがたをしめして、法蔵比丘《ほうぞうびく》となのりたまひて」（同七一〇頁）といわれる。すなわち、万物が本来平等一如のありようをしていることを人々に知らしめ、自他を分別し執着して、煩悩《ぼんのう》をおこし苦悩しているものをよびさまし、真如の世界にかえらしめようとして、絶対的な法性法身がかたちを示し、阿弥陀仏という救いの御名を垂れて人々に知らしめているすがたを方便法身というのである。すなわち、大悲の本願をもって衆生を救済する仏を方便法身というのである。この阿弥陀仏を『浄土論《じょうどろん》』には「尽十方無礙光如来《じんじっぽうむげこうにょらい》」といわれ、また『讃《さん》阿弥陀仏偈《あみだぶつげ》』には「不可思議光仏《ふかしぎこうぶつ》」といわれている。親鸞聖人は、これによって阿弥陀仏を「帰命尽十方無礙光如《きみょうじんじっぽうむげこうにょ》来《らい》」、「南無不可思議光仏《なもふかしぎこうぶつ》（如来《にょらい》）」、「南無阿弥陀仏《なもあみだぶつ》」と十

字、八字（九字）、六字の名号《みょうごう》をもって讃嘆《さんだん》し、敬信《きょうしん》されている。

三　往生礼讃　一巻。善導大師《ぜんどうだいし》の著。詳しくは『勧一切衆生願生西方極楽世界阿弥陀仏国六時礼讃偈《かんいっさいしゅじょうがんしょうさいほうごくらくせかいあみだぶっこくろくじらいさんげ》』（一切衆生を勧めて、西方極楽世界の阿弥陀仏国に生ぜんと願ぜしむる六時礼讃の偈）といい、略して『往生礼讃偈《おうじょうらいさんげ》』とも『六時礼讃《ろくじらいさん》』ともまた『礼讃《らいさん》』ともいう。その題号が示すように、願生行者が日常実修すべき六時（日没《にちもつ》・初夜《しょや》・中夜《ちゅうや》・後夜《ごや》・晨朝《じんじょう》・日中《にっちゅう》）の礼法を明かしたものである。

全体は、前序《ぜんじょ》、礼讃の行儀について明かす正明段《しょうみょうだん》、および後述《ごじゅつ》の三段よりなっている。前序では、安心《あんじん》・起行《きぎょう》・作業《さごう》という願生行者の実践法について述べ、さらに称名《しょうみょう》念仏を専修《せんじゅ》する一行三昧《いちぎょうざんまい》の意義、専修と雑修《ざっしゅ》の得失について説き述べている。正明段では、『無量寿経《むりょうじゅきょう》』の十二光仏《じゅうにこうぶつ》名による日没讃、『無量寿経』の要文による初夜讃、龍樹菩薩《りゅうじゅぼさつ》の「十二礼《じゅうにらい》」による中夜讃、天親《てんじん》菩薩の「願生偈《がんしょうげ》」による後夜讃、彦琮《げんそう》の「礼讃偈《らいさんげ》」による晨朝讃、善導大師自作の「十六観偈《じゅうろくかんげ》」による日中讃を示して、六時行儀の次第を明かしている。後述の部分では、『十往生経《じゅうおうじょうきょう》』『観無量寿経《かんむりょうじゅきょう》』『無量寿経』『阿弥陀経《あみだきょう》』を引証して、現世と当来の得益に言及し、一部を結んでいる。

本書は、浄土教の敬虔な日常行儀を説き述べたものとして長く勤式に依用されたばかりでなく、教学の上からも、善導大師の独創的な儀礼論がうかがわれるものとして重要な意義を有している。七祖聖教の一。

四　機法一体　「機法一体《きほういったい》」の「機」とは、阿弥陀仏のはたらきをうける衆生《しゅじょう》のことを指し、「法」とは、阿弥陀仏の正覚《しょうがく》のことを指す。これらの「機」と「法」が一体であることを「機法一体」という。

本書における「機法一体」の用例は、次の三種である。

（一）往生《おうじょう》正覚の機法一体

機は衆生の往生、法は阿弥陀仏のさとりをあらわし、『往生礼讃《おうじょうらいさん》』第十八願加減《かげん》の文により、衆生の往生と仏のさとりが一つであることを意味する。

（二）色心《しきしん》功徳《くどく》の機法一体

機は衆生の身と心（色心）、法は阿弥陀仏の功徳をあらわし、『観経』像観《ぞうかん》の「諸仏如来《しょぶつにょらい》はこれ法界身《ほうかいしん》なり。一切《いっさい》衆生《しゅじょう》の心想《しんそう》のうちに入《い》りたまふ」（『註釈版聖典』一〇〇頁）により、仏の願行《がんぎょう》の功徳が満入して、衆生の身心と仏の功徳が一体となることを意味する。

（三）彼此三業《ひしさんごう》の機法一体

機は衆生の三業、法は仏の三業をあらわし、『観経疏《かんぎょうしょ》』「定善義《じょうぜんぎ》」三縁釈《さんえんしゃく》の文により、衆生の三業（此）と阿弥陀仏の三業（彼）とが一体で離れないことを示し、仏の三業が衆生の三業にあらわれるということを意味する。

なお、蓮如《れんにょ》上人は、南無は阿弥陀仏をたのむ衆生の信心で、それを機といい、阿弥陀仏は衆生をたすけるはたらきをあらわしてるから、それを法という。この機と法とが、南無阿弥陀仏という名号《みょうごう》の中に一体に成就されていると示す。

六　**法蔵菩薩　↓　≡　阿弥陀仏**

六　**般舟讃**　一巻。善導大師《ぜんどうだいし》の著。首題には『依観経等明《えかんぎょうとうみょう》般舟三昧行道往生讃《はんじゅざんまいぎょうどうおうじょうさん》』とあり、尾題には『般舟三昧行道往生讃』とあるが、一般には略して『般舟讃』と呼ばれている。『観無量寿経《かんむりょうじゅきょう》』をはじめとする諸経によって、浄土を願生し阿弥陀仏の徳を讃嘆《さんだん》する別時の行法を説き示したもので、全体は序分《じょぶん》、正讃《しょうさん》、後述《ごじゅつ》の三段よりなっている。第一段の序分では、まずこの行法を修める者の心構えを示し、般舟三昧の意義について述べている。第二段の正讃にあたる部分は、七言一句の偈頌《げじゅ》の形式による長大な讃文で、浄土の荘厳相《しょうごんそう》と阿弥陀仏の徳、および九品《くぼん》往生の相を讃詠している。第三段の後述の部分では、諸の行者に対して浄土を願うべきことを勧め、一部の結びとしている。

本書は、教学の上からも注目すべき点を多く含んでいるが、文学的にも価値が高く、一大詩篇と呼ぶにふさわしい内容のものとなっている。七祖聖教の一。

六　**釈尊**　釈迦《しゃか》族の聖者《しょうじゃ》である世尊ということ。仏教の開祖。約二千五百年前、インドのカピラヴァストゥの王、浄《じょう》飯王《ぼんのう》を父とし、摩耶夫人《まやぶにん》を母として誕生された。二十九歳の時に道を求めて出家し、複数の師を歴訪されたが満足せず、尼連禅河畔《にれんぜんかはん》で六年間にわたり苦行された。その後、菩《ぼ》提樹《だいじゅ》の下に座って瞑想し、ついにさとりを開かれた。三十五歳の時である。その地をブッダガヤーと呼ぶ。成道《じょうどう》後、梵天《ぼんてん》の勧請《かんじょう》により鹿野苑《ろくやおん》（現在のヴァーラーナシー〈ベナレス〉郊外）において五比丘《びく》に初めて説法（初転法輪《しょてんぼうりん》）

をし、以後四十五年間各地を巡って人々を教化し、八十歳でクシナガラの沙羅樹《さらじゅ》のもとに身を横たえて入滅された。

九　観経疏　善導大師《ぜんどうだいし》の著。諸師の『観無量寿経《かんむりょうじゅきょう》』解釈をただし、同経の真意を明らかにしようとした書。「玄義《げんぎ》分《ぶん》」「序分義《じょぶんぎ》」「定善義《じょうぜんぎ》」「散善義《さんぜんぎ》」の四帖（巻）からなっているので『四帖疏《しじょうのしょ》』ともいわれる。大師の著作は本書の他に、『法事讃《ほうじさん》』二巻『観念法門《かんねんぼうもん》』一巻『往生礼讃《おうじょうらいさん》』一巻『般舟讃《はんじゅさん》』一巻があり、古来本書と合せて「五部九巻《ごぶくかん》」と総称されている。またこの『観経疏』を「本疏《ほんしょ》」とも「解義分《げぎぶん》」とも呼ぶのに対し、他の四部を「具疏《ぐしょ》」とも「行儀分《ぎょうぎぶん》」とも呼びならわしている。

「玄義分」は、経の要義をあらかじめ述べたもので、はじめに「帰三宝偈《きさんぼうげ》」（「勧衆偈《かんしゅげ》」「十四行偈《じゅうしこうげ》」）と呼ばれる偈《げ》頌《じゅ》がおかれ、以下七門にわたって善導大師独自の『観無量寿経』に対する見方が示されている。「序分義」以下の三帖は、経の本文を詳しく註釈したものである。「序分義」は、経の序説にあたる部分を註釈したもの、「定善義」は、経の本論にあたる正宗分《しょうしゅうぶん》の中、定善十三観の文について註釈したものである。「散善義」は、正宗分の中、散善を説く九品段《くぼんだん》と、得益分《とくやくぶん》、流通分《るずうぶん》、耆闍分《ぎしゃぶん》について註釈し、後跋《ごばつ》を付したものである。その後跋の部分では、古今の諸師の誤った『観無量寿経』解釈をあらため、仏意を確定するという「古今楷定《ここんかいじょう》」の意趣が説き述べられている。七祖聖教の一。

九　観無量寿経　一巻。劉宋《りゅうそう》の畺良耶舎《きょうりょうやしゃ》訳。『観経《かんぎょう》』ともいう。浄土三部経の一。釈尊在世当時、王舎城《おうしゃじょう》におこった事件を契機として説かれたもので、はじめに次のような事情が示される。悪友の提婆達多《だいばだった》にそそのかされた阿闍世《あじゃせ》という王子が、父頻婆娑羅王《びんばしゃらおう》を幽閉し、その王のために食物を運んだ王妃の韋提希夫人《いだいけぶにん》をも宮殿の奥に閉じこめた。夫人は遥かに耆闍崛山《ぎしゃくつせん》におられる釈尊を心に念じ、仏弟子を遣わして説法してくださるよう求め、これに応じて釈尊自ら王宮の夫人の前に姿を現された。そこで夫人は、この濁悪《じょくあく》の世を厭い、苦悩なき世界を求め、特に阿弥陀仏の極楽浄土を選んで、そこに往生するための観法《かんぼう》を説かれるように請うた。こうして、まず精神を統一して浄土と阿弥陀仏や菩薩《ぼさつ》たちを観想する十三の観法が説かれる。この観法の中心は第九の真身観《しんしんかん》（阿弥陀仏の相好《そうごう》を観ずること）

である。さらに、仏は自ら精神を統一しないままで修する善について、上品上生《じょうぼんじょうしょう》から下品下生《げぼんげしょう》までの九品《くぼん》に分けて説かれる。まず、上品には大乗の善が説かれ、中品《ちゅうぼん》には小乗の善や世間の善が説かれる。そして下品にはこれらの善を修することができない悪人のために念仏の教えが説かれるのである。ところが、このようなさまざまな観法や善を説き終ったあとで、最後に阿難《あなん》に対して無量寿仏の名号《みょうごう》を心にとどめよと説かれている。そこで親鸞聖人は、釈尊の本意はこれまで説かれてきた観法や諸善を廃して、他力念仏の一行を勧めることにあると見られた。

二　無量寿経　二巻。曹魏《そうぎ》の康僧鎧《こうそうがい》の訳と伝えられている。『大無量寿経《だいむりょうじゅきょう》』ともいい、略して『大経《だいきょう》』とも呼ばれる。浄土三部経の一。王舎城《おうしゃじょう》の耆闍崛山《ぎしゃくつせん》において、すぐれた比丘《びく》や菩薩《ぼさつ》たちに対して、釈尊がひときわ気高く尊い姿をあらわして説かれたものであり、諸仏がこの世にお生れになる目的は、苦悩の衆生《しゅじょう》に阿弥陀仏の本願を説いて救うためであるといわれている。上巻には法蔵《ほうぞう》菩薩が発願《ほつがん》し修行して阿弥陀仏となられたことが説かれる。まず「讃仏偈《さんぶつげ》」には、師の世自在王仏《せじざいおうぶつ》を讃嘆《さんだん》しつつ、自らの願いを述べ、ついで諸仏の国土の優劣をみてすぐれたものを選び取り、それによってたてられた四十八願が説かれるが、なかでも、すべての衆生を救おうと誓われた第十八願が根本の願である。次に四十八願の要点を重ねて誓う「重誓偈《じゅうせいげ》」が、さらに兆載永劫《ちょうさいようごう》にわたる修行のさまが説かれ、この願と行が成就して阿弥陀仏となられてから十劫《こう》を経ているといい、その仏徳と浄土のありさまがあらわされている。下巻には仏願の成就していることが説かれ、衆生は阿弥陀仏の名号《みょうごう》を聞いて信じ喜び、念仏して往生が定まると述べ、さらに浄土に往生した聖者《しょうじゃ》たちの徳が広く説かれる。次に釈尊は弥勒《みろく》菩薩に対して、人の世の悪を誡《いまし》め、仏智《ぶっち》を信じて浄土往生を願うべきであると勧められる。最後に無上功徳《くどく》の名号を受持《じゅじ》せよと勧め、将来すべての教えが滅び尽きても、この経だけは留めおかれ人々を救いつづけると説いて終っている。親鸞聖人は『教行信証《きょうぎょうしんしょう》』「教《きょう》文類《もんるい》」に、「それ真実《しんじつ》の教《きょう》を顕《あらわ》さば、すなはち『大無量寿経《だいむりょうじゅきょう》』これなり」(『註釈版聖典』一三五頁)、また「如来《にょらい》の本願《ほんがん》を説《と》きて経《きょう》の宗致《しゅうち》とす、すなはち仏《ぶつ》の名号《みょうごう》をもつて経《きょう》の体《たい》とするなり」(同)と示され、如来の本願が説かれ名号のいわれがあらわされた真実の教えであるといわれている。浄土真宗の根本聖典である。

なお無量寿経は、古来「五存七欠《ごぞんしちけつ》」といわれ、十二訳があったと伝えられているが、『仏説無量寿経』のほかには次の四訳が現存する。

一、『仏説阿弥陀三耶三仏薩楼仏檀過度人道経《ぶっせつあみださんやさんぶつさるぶつだんかどにんどうきょう》』二巻（『大阿弥陀経《だいあみだきょう》』と通称。呉《ご》の支謙《しけん》訳。二二二―二二八年あるいは二二二〔または二二三〕―二五三年の訳出。ただし後漢《ごかん》の支婁迦讖《しるかせん》訳とする説もある）

二、『仏説無量清浄平等覚経《ぶっせつむりょうしょうじょうびょうどうがくきょう》』四巻（『平等覚経《びょうどうがくきょう》』と略称。後漢の支婁迦讖訳。ただし、魏《ぎ》の帛延《はくえん》による二五八年頃の訳出とする説や西晋《せいしん》の竺法護《じくほうご》訳とする説などがある）

三、『無量寿如来会《むりょうじゅにょらいえ》』二巻（『大宝積経《だいほうしゃくきょう》』巻第十七・十八。『如来会《にょらいえ》』と略称。唐《とう》の菩提流志《ぼだいるし》訳。七〇六―七一三年の訳出）

四、『仏説大乗無量寿荘厳経《ぶっせつだいじょうむりょうじゅしょうごんきょう》』三巻（『荘厳経《しょうごんきょう》』と略称。宋《そう》の法賢《ほうけん》訳。九九一年の訳出）

なお、『仏説無量寿経』の訳者について、実際は仏駄跋陀羅《ぶつだばつだら》（覚賢《かくけん》）と宝雲《ほううん》との共訳で、四二一年頃の訳出であると推定されている。また、西晋の竺法護訳であって三〇八年の訳出であるとみる説もある。

一四　善導大師　（六一三―六八一）中国浄土教の大成者。光明寺和尚《こうみようじのかしよう》・宗家大師《しゆうけだいし》・終南大師《しゆうなん》等と呼ばれる。臨淄《りんし》（現在の山東省臨淄《さんとう》）の出身、あるいは泗州《ししゆう》（現在の江蘇《こうそ》省宿遷《しゆくせん》）の生れともいう。諸方を遍歴し、西方浄土変相《へんそう》図《ず》をみて浄土教に帰し、のち幷州《へいしゆう》の玄中寺《げんちゆうじ》に道綽禅師《どうしやくぜんじ》を訪ねてその門に投じた。師の寂後、長安に出て終南山悟真《ごしん》寺《じ》、光明寺等に在って念仏弘通《ぐずう》につとめられた。当時、『観無量寿経《かんむりようじゆきよう》』にもとづく浄土教の研究・講説がさかんであったが、善導大師は浄影寺慧遠《じようようじえおん》等の聖道《しようどう》諸師の解釈をただして『観無量寿経疏《かんむりようじゆきようしよ》（観経疏《かんぎようしよ》）』四巻を著し、曇鸞《どんらん》大師・道綽禅師の伝統をうけ、凡夫《ぼんぶ》が念仏一つで真実の浄土に往生する旨を明らかにされた。著書は他に『法事讃《ほうじさん》』二巻『観念法門《かんねんぼうもん》』一巻『往生礼讃《おうじようらいさん》』一巻『般舟讃《はんじゆさん》』一巻がある。真宗七高僧の第五祖。

一六　平等覚経　↓　二　無量寿経

一七　智慧の目も修行の足も欠けている身である　関連する

部分を含めて原文を抜き出すと、

智目《ちもく》・行足《ぎょうそく》かけたる身《み》なれば、ただ三悪《さんまく》の火坑《かきょう》にしづむべき身《み》なるを、願《がん》も行《ぎょう》も仏体《ぶつたい》より成《じょう》じて、機法一《きほういっ》体《たい》の正覚成《しょうがくじょう》じたまひけることのうれしさよとおもふとき、歓喜《かんぎ》のあまりをどりあがるほどにうれしきなり。

である。ここで「智目・行足かけたる身なれば」とは、さとりを開くために必要な智慧《ちえ》と行を、目と足にたとえ、それが「かけている」凡夫《ぼんぶ》のありようが示されている。しかし、「目や足がかけている」とたとえることにより、心身に障害をもつ人を差別して傷つけ痛めつけることになるのなら、それは大きな誤りといわねばならない。

心身の障害は差別されるべきことではない。けれども、そういう障害をもつ人がこれまで差別されてきた事実がある。『無量寿経《むりょうじゅきょう》』の第四十一願には、

たとひわれ仏《ぶつ》を得《え》たらんに、他方国土《たほうこくど》の諸菩薩衆《しょぼさつしゅ》、わが名字《みょうじ》を聞《き》きて、仏《ぶつ》を得《う》るに至《いた》るまで、諸根闕陋《しょこんけつる》して具足《ぐそく》せずは、正覚《しょうがく》を取《と》らじ。（『註釈版聖典』二三頁）

と誓われて、諸根すなわち眼や足などがないものをなくそうといわれているのは、聖典が成立した当時の社会において、そのように障害のある人は劣っているという通念があったからであろう。

しかし、一切の平等を説く教えが仏教であり、阿弥陀仏の本願は、すべてのものを差別なく平等に救うと誓われているのである。障害のある人を特別な存在とみなして差別し、非難やそしりの対象とすることも、また、比喩に用いることにより傷つけ痛めつけることも、許されることではない。さらには、その障害の原因が過去世の行いの報いであるとして差別意識を助長することもとうてい是認されることではない。

一九　**身も心も**　原文は「道心二法《どうしんにほう》」であるが、異本には「色心二法《しきしんにほう》」とあり、本現代語訳では異本にしたがって訳しておいた。

二〇　**ととのえ**　原文は「となへ」とある。これには、「称える」という意である説と、「調《とな》へる」という意であるとする説とがある。本現代語訳では、後者の意で訳しておいた。

三 **曇鸞大師**(四七六―五四二) 雁門《がんもん》(現在の山西《さんせい》省代《だい》県)の生れ。神鸞《じんらん》とも尊称された。四論《しろん》や『涅槃経《ねはんぎょう》』の仏性義《ぶっしょうぎ》に通じ、『大集経《だいじつきょう》』の註釈を志したが、健康を害して果さず、その後不老長生の法を求めて江南《こうなん》に道士陶弘《とうこう》景《けい》を訪ね、仙経《せんぎょう》を授かった。帰途洛陽《らくよう》で菩提流支《ぼだいるし》に出会い、浄教を授けられ仙経を焼き捨てて浄土教に帰したという。東魏《とうぎ》の皇帝の尊崇をうけ、并州《へいしゅう》(現在の山西省太《たい》原《げん》)の大巌寺《だいがんじ》に住し、後、石壁山《せきへきさん》(現在の山西省交城《こうじょう》北)の玄中寺《げんちゅうじ》に入った。その後、汾州《ふんしゅう》の平遥《へいよう》(現在の山西省汾陽《ふんよう》)にあった山寺に移り、ここで入寂した。天親菩薩《てんじんぼさつ》の『浄土論《じょうどろん》』を註釈して『往生論註《おうじょうろんちゅう》』二巻(『浄土論註《じょうどろんちゅう》』『論註《ろんちゅう》』ともいう)を著し、五念門《ごねんもん》の実践を説き、浄土教の教学と実践を確立した。著書は他に『讃阿弥陀仏偈《さんあみだぶつげ》』一巻などがある。真宗七高僧の第三祖。

三 **往生論註** 二巻。曇鸞大師《どんらんだいし》の著。詳しくは『無量寿経《むりょうじゅきょう》優婆提舎願生偈註《うばだいしゃがんしょうげちゅう》』と題され、『浄土論註《じょうどろんちゅう》』とも、また『無量寿経論註《むりょうじゅきょうろんちゅう》』とも呼ばれ、あるいは略して『論註《ろんちゅう》』とも称される。天親菩薩《てんじんぼさつ》の『浄土論《じょうどろん》』(『無量寿経優婆提舎願生偈《むりょうじゅきょううばだいしゃがんしょうげ》』とも『往生論《おうじょうろん》』ともいう)に註解を施したものである。本書は『浄土論』の註釈書として代表的なものであるが、その『浄土論』は韻文で書かれた偈頌《げじゅ》と散文で書かれた長行《じょうごう》との二部から成っている。『往生論註』ではこれを上下二巻に分けて、上巻ではその偈頌の部分を解釈し、下巻では長行の部分を解釈している。ことに上巻では偈頌を釈するのに、『浄土論』の長行にあらわされた礼拝《らいはい》、讃嘆《さんだん》、作《さ》願《がん》、観察《かんざつ》、回向《えこう》の五念門行《ごねんもんぎょう》を配当して釈し、また下巻では長行を㈠願偈大意《がんげたいい》、㈡起観生信《きかんしょうしん》、㈢観行体相《かんぎょうたいそう》、㈣浄《じょう》入願心《にゅうがんしん》、㈤善巧摂化《ぜんぎょうせっけ》、㈥障菩提門《しょうぼだいもん》、㈦順菩提門《じゅんぼだいもん》、㈧名義《みょうぎ》摂対《せったい》、㈨願事成就《がんじじょうじゅ》、㈩利行満足《りぎょうまんぞく》という十科の章に分けて解釈されている。そこには阿弥陀仏とその浄土の因果の徳《とく》用《ゆう》を説き、衆生《しゅじょう》往生の因果もまた阿弥陀仏の本願力によって成就せしめられるという他力の法義が示されている。七祖聖教の一。

二六 **あらわれてくるのである** 原文は「あらわれもてゆく」であるが、これを「(仏の功徳が)あらわれてくる」とする解釈と「(仏が)引き連れて往生する」とする解釈がある。本現代語訳では、前者の意で訳しておいた。

二六　浄土論　一巻。天親菩薩《てんじんぼさつ》造、菩提流支《ぼだいるし》訳。詳しくは『無量寿経優婆提舎願生偈《むりょうじゅきょううばだいしゃがんしょうげ》』といい、略して『往生論《おうじょうろん》』ともいう。全体は、二十四行九十六句の偈頌《げじゅ》（詩句）すなわち願生偈《がんしょうげ》と、その意義を論述した長行《じょうごう》（散文）からなっている。その願生偈の部分は、最初に帰敬頌《ききょうじゅ》がおかれ、天親菩薩自らの願生の意を述べられる。ついで、造論の意趣が示され、つづけて、安楽国土と阿弥陀仏およびその聖衆《しょうじゅ》の三種の荘厳相《しょうごんそう》が二十九種にわたって讃嘆《さんだん》されている。末尾には、願生偈の結びとして、あまねく衆生《しゅじょう》とともに往生することを願う回向《えこう》の意が示されている。つぎの長行は前の願生偈を解釈した部分で、そこでは往生浄土の行としての五念門《ごねんもん》（礼拝《らいはい》・讃嘆・作願《さがん》・観察《かんざつ》・回向）が開示され、その五念門の果徳としての五功徳門《ごくどくもん》（近門《ごんもん》・大会衆門《だいえしゅもん》・宅門《たくもん》・屋門《おくもん》・園林遊戯地門《おんりんゆげじもん》）が説かれている。

本書は、往生浄土の行を大乗仏教の実践道として明確化したものであり、本書の最初の註釈書である曇鸞大師《どんらんだいし》の『往生論註《おうじょうろんちゅう》』を通して、後世の浄土教思想に多大なる影響を与えた。七祖聖教の一。

二七　安楽集　二巻。道綽禅師《どうしゃくぜんじ》の著。諸経論の文を援引《えんいん》して『観無量寿経《かんむりょうじゅきょう》』の要義を示し、安楽浄土の往生を勧めた書。全体は、上下両巻、十二大門（上巻三大門、下巻九大門）の組織よりなっている。

その内容を見ると、第一大門では、教法《きょうぼう》が時代と根機にかなっていなければ効がないことを指摘し、現今の人々は称名《しょうみょう》念仏によって往生を願うべきであると主張して、『観無量寿経』の宗旨や阿弥陀仏の身土などについて説示する。第二大門では、菩提心《ぼだいしん》が願生心に結帰することを示し、あわせて別時意説《べつじいせつ》など種々の論難に答える。第三大門では、龍樹菩薩《りゅうじゅぼさつ》の難易《なんい》二道判、曇鸞大師《どんらんだい》の自力他力判を受けて、聖道《しょうどう》・浄土二門の判釈をくだし、末法《まっぽう》の時代には浄土の一門こそ通入すべき道であることを力説する。第四大門以下は、上の三大門を補説したもので、第四、第五大門は主として往生の因行について、第六大門から第十一大門までは浄土の意義や往生者のありさまなどについて述べ、最後の第十二大門は全体を結ぶものとして疑謗《ぎほう》を誡め信順を勧めている。本書は、往生浄土の教えが大乗《だいじょう》仏教の基本理念の上に立脚するものであることを種々の観点から巧みに論証しており、浄土門の理論的基礎を築きあげたものとして大きな思想的意義を有している。七祖聖教の一。

三三　**法事讃**　二巻。善導大師《ぜんどうだいし》の著。『阿弥陀経《あみだきょう》』を読誦讃《どくじゅさん》嘆《だん》して仏座の周囲を繞道《にょうどう》し、浄土を願生する法会の規式を明かした書。上巻はその首題を『転経行道願往生浄《てんぎょうぎょうどうがんおうじょうじょう》土法事讃《どほうじさん》』とおき、尾題を『西方浄土法事讃《さいほうじょうどほうじさん》』と示している。下巻は首尾ともに『安楽行道転経願生浄土法事《あんらくぎょうどうてんぎょうがんしょうじょうどほうじ》讃《さん》』と題している。

内容の上からみると、全体は前行法分《ぜんぎょうほうぶん》、転経分《てんぎょうぶん》、後行《ごぎょう》法分《ほうぶん》の三段よりなっているものと考えられる。前行法分では、『阿弥陀経』読誦に先立つ儀礼としての三宝の招請《しょうしょう》や懺悔《さんげ》の次第などが説かれている。転経分では、『阿弥陀経』の本文が十七段に分けられ、各段ごとに讃文を付して、僧俗がともにこれを読誦唱和する作法の次第が示されている。後行法分では、経の読誦後の儀礼としての懺悔や嘆仏呪願《たんぶつしゅがん》などが明かされている。浄土教における壮麗な別時の行儀を示したものとして注目されるが、同時に善導大師の『阿弥陀経』に対する見方がうかがえるものとして教学の上からも重要な意味を持っている。七祖聖教の一。

三四　**疑いなく受け取る…こともない**　原文は、「領解《りょうげ》もあり、信心《しんじん》もおこることはなくして」であるが、この「領解もあり」を、「理屈のみを理解し、信を伴わない」とする解釈と、「信心と同義である」とする解釈とがある。本現代語訳においては、後者にしたがって訳しておいた。

四一　**「専」の字が二つある**　原文は「専《せん》の字《じ》、二重《にじゅう》なり」であるが、これについて、初重を正雑分別《しょうぞうふんべつ》、二重を助正《じょしょう》分別とみる解釈と、初重を一行、二重を一心とみる解釈がある。

四二　**自力・他力、太陽の事**　これ以降は、古来より「四事」と呼ばれている。原文では「一　自力《じりき》・他力《たりき》、日輪《にちりん》の事《こと》」とあるように、四事それぞれの冒頭に「一」と表記されている。本書ではこの表記を省略した。

四三　**眼が不自由なもの**　原文は、「生盲《しょうもう》のもの」であり、「帰命の念」のないものを示す譬えとして用いられている。しかし、そうした譬えで、心身に障害をもつ人を差別して傷つけ痛めつけることになるのなら、それは大きな誤

りといわねばならない。ところが、そういう障害をもつ人がこれまで差別されてきた事実がある。『無量寿経《むりょうじゅきょう》』の第四十一願には、

たとひわれ仏《ぶつ》を得《え》たらんに、他方国土《たほうこくど》の諸菩薩衆《しょぼさつしゅ》、わが名字《みょうじ》を聞《き》きて、仏《ぶつ》を得《う》るに至《いた》るまで、諸根闕陋《しょこんけつる》して具足《ぐそく》せずは、正覚《しょうがく》を取《と》らじ。（『註釈版聖典』二三頁）

と誓われて、諸根すなわち眼や耳などがないものをなくそうといわれているのは、聖典が成立した当時の社会において、そのように障害のあるものは劣っているという通念があったからであろう。

しかし、一切の平等を説く教えが仏教であり、阿弥陀仏の本願は、すべてのものを差別なく平等に救うと誓われているのである。障害のある人を特別な存在とみなして差別し、非難やそしりの対象とすることも、また、比喩に用いることにより傷つけ痛めつけることも、許されることではない。さらには、その障害の原因が過去世の行いの報いであるとして差別意識を助長することもとうてい是認されることではない。

四四　阿弥陀経　一巻。後秦《こうしん》の鳩摩羅什《くまらじゅう》訳。『小経《しょうきょう》』ともいう。浄土三部経の一。舎衛国《しゃえこく》の祇園精舎《ぎおんしょうじゃ》において説かれたもので、無問自説《むもんじせつ》の経《きょう》（問いをまたずに自ら説かれた経）、また一代結経《いちだいけつきょう》（釈尊一代の説法の結びの経）といわれる。

内容は大きく三つに分けて見ることができ、初めに、極楽浄土のうるわしいすがたと阿弥陀仏や聖者《しょうじゃ》たちの尊い徳を示される。次に、この浄土には自力の善では往生できないのであって、一心に念仏することによってのみ往生することができると説かれ、終りに、この念仏往生の法が真実であることを、東西南北・下方上方の六方の諸仏が証明しお護りくださることが述べられている。

親鸞聖人は、『阿弥陀経』にはもっぱら念仏して臨終来《らい》迎《こう》を期することが説かれているところがあることから、表面的には一心に念仏して多くの功徳《くどく》をそなえようとする第二十願の自力念仏の教えが説かれているが、その本意は第十八願の他力念仏の教えを説くことにあると見られている。

四五　どうして仏のはたらきがあって…があるのか　原文は、「なじに仏《ぶつ》の御《おん》ちからにて、すこしきほどの無記《むき》にも

なしたまふぞ」であるが、これを、「どうして仏のはたらきがあるのに、わずかでも無記の状態になるようなことをなさるのか」とする解釈と、「どうして仏のはたらきがあるのに、わずかでも、無記になるようなことがあるのか」とする解釈がある。「すこしきほどの」という表現より考えると前者の意のようにも読めるが、「ちからにて」という表現を、言葉通りに読むなら後者の意と読める。本現代語訳では、後者の意で訳しておいた。

四六　源空聖人（一一三三―一二一二）浄土宗の開祖。法《ほう》然《ねん》聖人。押領使《おうりょうし》漆間時国《うるまのときくに》の子として、美作《みまさか》久米《くめ》南条《なんじょう》稲岡《いなおか》庄《しょう》（現在の岡山県久米郡久米南町里方）に生れた。九歳の時、父の不慮の死により菩提寺《ぼだいじ》観覚《かんがく》のもとへ入寺、十五歳で比叡山《ひえいざん》に登り（十三歳登山説もある）、源光《げんこう》ついで皇円《こうえん》に師事して天台《てんだい》教学を学んだが、隠遁の志あつく、十八歳の時、黒谷《くろだに》の叡空《えいくう》の室に入り法然房源空と名乗った。承安《じょうあん》五年（一一七五）四十三歳の時、善導大師《ぜんどうだいし》の『観経疏《かんぎょうしょ》』の文により専修《せんじゅ》念仏に帰し、比叡山を下りて東山吉水《ひがしやまよしみず》に移り住み、念仏の教えを弘められた。浄土宗ではこの年を立教開宗の年とする。文治《ぶんじ》二年（一一八六）大原勝林院《おおはらしょうりんいん》で聖浄二門《しょうじょうにもん》を論じ（大原問答）、建久《けんきゅう》九年（一一九八）『選択本願念仏集《せんじゃくほんがんねんぶつしゅう》（選択集《せんじゃくしゅう》）』を著された。建仁《けんにん》元年（一二〇一）親鸞聖人は、法然聖人に出会い、専修念仏の門に帰入された。元久《げんきゅう》元年（一二〇四）比叡山の僧徒は専修念仏の停止《ちょうじ》を訴えたので、「七箇条制誡《しちかじょうせいかい》」を草して法然聖人以下百九十名の署名を添え延暦寺《えんりゃくじ》に送るが、興福寺《こうぶくじ》の奏状により念仏停止の断が下されて、建永《けんえい》二年（承元《じょうげん》元年・一二〇七）聖人は土佐《とさ》（実際には讃岐《さぬき》）に流罪となられた。建暦《けんりゃく》元年（一二一一）赦免になり帰洛され、翌年正月二十五日に示寂。聖人の法語や事蹟を伝えるものには、『西方指南抄《さいほうしなんしょう》』や『黒谷上人語灯録《くろだにしょうにんごとうろく》』などがある。真宗七高僧の第七祖。

四七　天親菩薩（四〇〇―四八〇頃）天親は梵語ヴァスバンドゥの漢訳（旧訳《くやく》）。新訳では世親《せしん》と訳す。ガンダーラ地方のプルシャプラ（現在のペシャワール）に生れ、はじめ部派仏教の説一切有部《せついっさいうぶ》・経量部《きょうりょうぶ》に学び、その後、兄無著《むじゃく》の勧めで大乗仏教に帰し、瑜伽行唯識《ゆがぎょうゆいしき》の教学を組織し大成した。『倶舎論《くしゃろん》』『唯識二十論《ゆいしきにじゅうろん》』『唯識三十頌《ゆいしきさんじゅうじゅ》』『十地経論《じゅうじきょうろん》』『浄土論《じょうどろん》』等多くの著書があり、千部の論師といわれている。真宗七高僧の第二祖。

五一　煩悩に汚れた女性　聖典が成立した当時の社会にあっては、女性は不浄な存在であり、また劣った存在であるとする差別的な通念があった。そのことに対しての一つの解答が『大経《だいきょう》』の第三十五願である。

釈尊は比丘尼《びくに》、沙弥尼《しゃみに》として女性の出家を許され、経典には実際に悟りを開いた女性の存在が伝えられ、悟りを開くのに男女の差のないことが初期の教団では立証されていた。

　ところが、後世の教団では五障《ごしょう》説《せつ》を唱えて、女性は仏になれないとした。五障とは五つの障《さわ》り、すなわち㈠梵天《ぼんてん》王《のう》になれない、㈡帝釈天《たいしゃくてん》になれない、㈢魔王になれない、㈣転輪聖王《てんりんじょうおう》になれない、㈤仏になれない、というものである。この女人五障説が成立する一つの要因であったと考えられるものに、当時のインド社会の通念であった女《にょ》人三従《にんさんしょう》説がある。三従とは、女性は、「子供のときは父に、若いときは夫に、夫が死んだときは息子に従わなければならない」(『マヌ法典』)ということである。このような思想に影響されて、後世の教団では、女性は世間的にも出世間的にも指導者にはなれず、また成仏もできないという考えがひろまったのである。

　これに対して大乗仏教では、男女に関わらず成仏できる道を示した。すなわち、『法華経《ほけきょう》』の「提婆品《だいばぼん》」には、女人は五障があって成仏できないであろうとする舎利弗《しゃりほつ》の疑問に対して、八歳の竜女が女身を転じて男身となり成仏していくことが説かれている。また『大経』の第三十五願には、本願力によって女身を転ずると誓われている。親鸞聖人は、『浄土和讃《じょうどわさん》』の中でこの変成男子《へんじょうなんし》を「女人成仏《にょにんじょうぶつ》ちかひたり」と女人成仏の願と受け止めるとともに、さらに「貴賤緇素《きせんしそ》を簡《えら》ばず、男女《なんにょ》・老少《ろうしょう》をいはず」といい、阿弥陀如来の本願は、男性も女性もまったく差別なく、すべてのものをひとしく救済するとあらわされている。

　現代の一般社会にも、男性中心の考え方がみられるが、これらは性差別の思想であるといえよう。仏教は、本来、このような考え方を否定するものであったにもかかわらず、性差別の現実が温存され、またそれを容認してきたことに対して、われわれは厳しく反省し課題としなければならない。すべての存在は平等であり、性によって差別されてはならないのである。

付録

『安心決定鈔』「御文章」等対照表

凡　例

一、本対照表は、蓮如上人が『安心決定鈔』を引用した箇所が把握できるよう、上段に蓮如上人の引用が集中する『安心決定鈔』上巻の本文を、中段に『安心決定鈔』の要約といわれる文明十三年十一月十四日付の「御文章」を、下段にその他の「御文章」や『蓮如上人御一代聞書』等主要な著述を示して対照したものである。

二、中段の「御文章」は、「御文章集成」第一二四通（『浄土真宗聖典全書』第五巻、四〇三―四〇五頁）を掲載した。下段の「その他の御文章・聞書など」については、『浄土真宗聖典（註釈版）』第二版に記載されているものはその頁数を、記載されていないものについては『浄土真宗聖典全書』第五巻の頁数を（御文章集成〇通、聖典全書〇〇頁）などと示している。

三、対象箇所を容易に把握することができるよう、必要に応じて改行を施した。

四、略称については、以下の通りに示した。

蓮如上人御一代記聞書　↓　御一代

安心決定鈔	御文章集成第一二四通	その他の御文章・聞書など
【二】　浄土真宗の行者は、まづ本願のおこりを存知すべきなり。弘誓は四十八なれども、第十八の願を本意とす。余の四十七は、この願を信ぜしめんがためなり。 【三】　この願を『礼讃』（七一一）に釈したまふに、「若我成仏　十方衆生　称我名号　下至十声　若不生者　不取正覚」といへり。この文のこころは、「十方衆生、願行成就して往生せば、われも仏に成らん。衆生往生せずは、われ正覚を取らじ」となり。かるがゆゑに、仏の正覚は、われらが往生するとせざるとによるべきなり。しかるに十方衆生いまだ往生せざるさきに、正覚を成ずることは、こころえがたきことなり。	夫於当流の念仏行者、まづ弥陀如来他力本願の趣を令存知、真実信心を発起せしむべし。それにつゐて第十八の願意をよくよく分別せよ。 そのこゝろいかんといふに、阿弥陀仏、法蔵比丘のむかしちかひたまひしは、十方衆生にわが願行をあたへて、この功徳力をもて往生をとげさしめんに、もしわれ成仏せずは弥陀も正覚をなりたまふべからずといふ大願をおこしたまふに、その願すでに成就して阿弥陀仏となりたまへり。	

安心決定鈔	御文章集成第一二四通	その他の御文章・聞書など
しかれども、仏は衆生にかはりて願と行とを円満して、われらが往生をすでにしたためたまふなり。十方衆生の願行円満して、往生成就せしとき、機法一体の南無阿弥陀仏の正覚を成じたまひしなり。 かるがゆゑに仏の正覚のほかは凡夫の往生はなきなり。十方衆生の往生の成就せしとき、仏も正覚を成るゆゑに、仏の正覚成りしとわれらが往生の成就せしとは同時なり。仏の方よりは往生を成ぜしかども、衆生がこのことわりをしること不同なれば、すでに往生するひともあり、いま往生するひともあり、当に往生すべきひともあり。機によりて三世は不同なれども、弥陀のかはりて成就せし正覚の一念のほかは、さらに機よりいささかも添ふることはな	されば衆生にかはりて願と行とを成就して、我等が往生をすでにしたゝめましましけり。これによりて十方衆生は仏体より願行を円満するがゆへに、衆生の往生成就するすがたを、機法一体の南無阿弥陀仏とは正覚を成じたまふなりとこゝろうべきなり。 かるがゆへに仏の正覚の外は衆生の往生はなきなり。十方衆生の往生成就する時、弥陀も正覚をなりたまへるがゆへに、仏の正覚なりしと我等が往生の成就せしとは同時なり。	

きなり。たとへば日出づれば刹那に十方の闇ことごとく晴れ、月出づれば法界の水同時に影をうつすがごとし。月は出でて影を水にやどす、日は出でて闇の晴れぬことあるべからず。かるがゆゑに、日は出でたるか出でざるかをおもふべし、闇は晴れざるか晴れたるかを疑ふべからず。仏は正覚成りたまへるかいまだ成りたまはざるかを分別すべし、凡夫の往生を得べきか得べからざるかを疑ふべからず。「衆生往生せずは仏に成らじ」(大経・上意)と誓ひたまひし法蔵比丘の、十劫にすでに成仏したまへり。仏体よりはすでに成じたまひたりける往生を、つたなく今日までしらずしてむなしく流転しけるなり。かるがゆゑに『般舟讃』(七一五)には、「おほきにすべからく慚愧すべし。釈迦如来はまことにこれ慈悲の父母なり」といへり。「慚愧」の二字をば、天にはぢ人にはづとも釈し、自にはぢ他にはづとも釈せり。なにごとをおほきにはづべしといふぞといふ

安心決定鈔	に、弥陀は兆載永劫のあひだ無善の凡夫にかはりて願行をはげまし、釈尊は五百塵点劫のむかしより八千遍まで世に出でて、かかる不思議の誓願をわれらにしらせんとしたまふを、いままできかざることをはづべし。機より成ずる大小乗の行ならば、法は妙なれども、機がおよばねばちからなしといふこともありぬべし。いまの他力の願行は、行は仏体にはげみて功を無善のわれらにゆづりて、謗法・闡提の機、法滅百歳の機まで成ぜずといふことなき功徳なり。このことわりを慇懃に告げたまふことを信ぜず、しらざることをおほきにはづべしといふなり。「三千大千世界に、芥子ばかりも釈尊の身命をすてたまはぬところはなし」（法華経・意）。みなこれ他力を信ぜざるわれらに信心をおこさしめんと、かはりて難行苦行して縁をむすび、功をかさねたまひし
御文章集成第一二四通	されば他力の願行をば、弥陀のはげみて功を無善の凡夫にあたへて、謗法・闡提の機、法滅百歳の機まで成ずといふ不可思議の功徳なり。
その他の御文章・聞書など	

なり。この広大の御こころざしをしらざることを、おほきにはぢはづべしといふなり。このこころをあらはさんとて、「種々の方便をもつて、われらが無上の信心を発起す」（般舟讃 七一五）と釈せり。無上の信心といふは、他力の三信なり。つぎに「種々の方便を説く、教文ひとつにあらず」（般舟讃）といふは、諸経随機の得益なり。凡夫は左右なく他力の信心を獲得することかたし。しかるに自力の成じがたきことをきくとき、他力の易行も信ぜられ、聖道の難行をきくに浄土の修しやすきことも信ぜらるるなり。おほよそ仏の方よりなにのわづらひもなく成就したまへる往生を、われら煩悩にくるはされて、ひさしく流転して不思議の仏智を信受せず。かるがゆゑに三世の衆生の帰命の念も正覚の一念にかへり、十方の有情の称念の心も正覚の一念にかへる。さらに機において一称一念もとどまることなし。

このゆへに凡夫は他力の信心を獲得することかたし。しかるに自力の成じがたきことをきくとき、他力の易行なることもしられ、聖道の難行なるをきくとき浄土の修しやすきこともしらるゝなり。依之仏智のかたよりなにのわづらひもなく成就したまへる往生を、われら煩悩にくるはされてむなしく流転して、不可思議の仏智を信受せざるなり。

安心決定鈔	御文章集成第一二四通	その他の御文章・聞書など
【三】　名体不二の弘願の行なるがゆゑに、名号すなはち正覚の全体なり。正覚の体なるがゆゑに、十方衆生の往生の体なり。往生の体なるがゆゑに、われらが願行ことごとく具足せずといふことなし。かるがゆゑに「玄義」（玄義分 三二五）にいはく、「いまこの『観経』のなかの十声の称仏には、すなはち十願ありて十行具足せり。いかんが具足せる。〈南無〉といふはすなはちこれ帰命、またこれ発願回向の義なり。〈阿弥陀仏〉といふはすなはちこれその行なり。この義をもつてのゆゑにかならず往生を得」といへり。下品下生の失念の称念に願行具足することは、さらに機の願行にあらずとしるべし。	（されば此上には一向に本願のたふときことをふかくおもひて、仏恩報尽のためには行住座臥をいはず称名すべきなり。）	
法蔵菩薩の五劫兆載の願行の、凡夫の願行を成ずるゆゑなり。阿弥陀仏の凡夫の願行を成ぜしいはれを領解するを、	また法蔵菩薩の五劫兆載の願行は、凡夫のためにとてこそ願行をば成就したまへ。されば阿弥陀仏の衆生のための	一　法蔵菩薩の五劫兆載の願行の、凡夫願行を成ずるゆへなり。阿弥陀仏の願行を成ぜしいはれを領解するを、三

三心ともいひ、三信とも説き、信心ともいふなり。

阿弥陀仏は凡夫の願行を名に成ぜしゆゑを口業にあらはすを、南無阿弥陀仏といふ。

かるがゆゑに領解も機にはとどまらず、領解すれば仏願の体にかへる。名号も機にはとどまらず、となふればやがて弘願にかへる。

かるがゆゑに浄土の法門は、第十八の願をよくよくこころうるほかにはなきなり。

願行を成就せしいはれを、すなはち三心とも三信とも信心ともいふなり。

これによりて阿弥陀仏は此の願行を名に成ぜしゆへに、口業にこれをあらはせば南無阿弥陀仏といふなり。

故に領解の心も凡夫の機にはとゞまらず、領解すればやがて仏願の体にかへるなり。又仏恩報尽のためにとなふる念仏も弘願の体にかへる故に、

浄土の法門は第十八の願をよくよくこゝろうるほかにはなきなり。

心ともいひ、三信ともとき、信心ともいふなり。

一　阿みだ仏の凡夫の願行を名に成ぜしゆへを口業にあらはすを、南無あみだ仏といふ。（御文章集成第一五五通、聖典全書四四三頁）

一　言く、仏法領解の心、すなはち仏願の体にかへるすがたなり、発願回向の心なり。また信心をうるすがたすなはち仏恩を報ずるなり。（空善聞書、聖典全書六五〇頁）

安心決定鈔	御文章集成第一二四通	その他の御文章・聞書など
【四】「如無量寿経　四十八願中　唯明専念　弥陀名号得生」（定善義 四三七）とも釈し、「又此経　定散文中　唯標専念　弥陀名号得生」（同）とも釈して、三経ともにただこの本願をあらはすなり。 第十八の願をこころうるといふは、名号をこころうるなり。 名号をこころうるといふは、阿弥陀仏の衆生にかはりて願行を成就して、凡夫の往生、機にさきだちて成就せしきざみ、十方衆生の往生を正覚の体とせしことを領解するなり。 かるがゆゑに念仏の行者、名号をきかば、「あは、はやわが往生は成就しにけり。十方衆生、往生成就せずは正覚取	第十八の願をこゝろうるといふは名号をこゝろうるなり。 又念仏といふ名をきかばわが往生は治定とおもふべし。十方の衆生往生成就	『安心決定鈔』（本）にいはく、「浄土の法門は、第十八の願をよくよくこころうるのほかにはなきなり」といへり。しかれば、御文には「一心一向に仏たすけたまへと申さん衆生をば、たとひ罪業は深重なりとも、かならず弥陀如来はすくひましますべし。これすなはち第十八の念仏往生の誓願の意なり」といへり。（御一代、一二八九頁） 信心獲得すといふは第十八の願をここ

らじと誓ひたまひし法蔵菩薩の正覚の果名なるがゆゑに」とおもふべし。また弥陀仏の形像ををがみたてまつらば、「あは、はやわが往生は成就しにけり。十方衆生、往生成就せずは正覚取らじと誓ひたまひし法蔵薩埵の成正覚の御すがたなるゆゑに」とおもふべし。また極楽といふ名をきかば、「あは、わが往生すべきところを成就したまひにけり。衆生往生せずは正覚取らじと誓ひたまひし法蔵比丘の成就したまへる極楽よ」とおもふべし。機をいへば、仏法と世俗との二種の善根なき唯知作悪の機に、仏体より恒沙塵数の功徳を成就するゆゑに、われらがごとくなる愚痴・悪見の衆生のための楽のきはまりなるゆゑに極楽といふなり。

せずは正覚とらじとちかひたまへる法蔵菩薩の正覚の果名なるが故にとおもふべし。又弥陀仏の形像をみたてまつらば、はやわが往生は決定とおもふべし。

又極楽といふ名をきかば法蔵比丘の成就したまへるゆへに、

我等がごとくなる

愚痴悪見の凡夫のための楽のきはまりなるがゆへに極楽といふなり。

ろうるなり。この願をこころうるといふは、南無阿弥陀仏のすがたをこころうるなり。（御文章五帖五通、一一九二頁）

「念仏の行者、南無阿弥陀仏の名号をきかば、〈あは、はやわが往生は成就しにけり、十方衆生、往生成就せずは正覚取らじと誓ひたまひし法蔵菩薩の正覚の果名なるがゆゑに〉とおもふべし」（安心決定鈔・本）といへり。また「極楽といふ名をきかば、〈あは、わが往生すべきところを成就したまひにけり、衆生往生せずは正覚取らじと誓ひたまひし法蔵比丘の成就したまへる極楽よ〉とおもふべし」（同・本）。（夏御文章、一二一二頁）

安心決定鈔

本願を信じ名号をとなふとも、よそなる仏の功徳とおもうて名号に功をいれなば、などか往生をとげざらんなんどおもはんは、かなしかるべきことなり。

ひしとわれらが往生成就せしすがたを南無阿弥陀仏とはいひけるといふ信心おこりぬれば、仏体すなはちわれらが往生の行なるがゆゑに、一声のところに往生を決定するなり。

御文章集成第一二四通

さればひしとわれらが往生を決定せしすがたを南無阿弥陀仏とはいひけるといふ信心おこりぬれば、仏体すなはちわれらが往生の行なり。

その他の御文章・聞書など

また「本願を信じ名号をとなふとも、よそなる仏の功徳とおもひて名号に功をいれなば、などか往生をとげざらんなんどおもはんは、かなしかるべきことなり。（夏御文章、一二一二頁）
ひしとわれらが往生成就せしすがたを南無阿弥陀仏とはいひけるといふ信心おこりぬれば、仏体すなはちわれらが往生の行なるがゆゑに、一声のところに往生を決定するなり」（同・本）。このこころは、安心をとりてのうへのことどもにてはんべるなりとこころえらるべきことなりとおもふべきものなり。（夏御文章、一二一二頁）

一　ひしと我等が往生成就せしすがたを南無あみだ仏とはいひけるといふ信

阿弥陀仏といふ名号をきかば、やがてわが往生とこころえ、わが往生はすなはち仏の正覚なりとこころうべし。弥陀仏は正覚成じたまへるかいまだ成じたまはざるかをば疑ふとも、わが往生の成ずるか成ぜざるかをば疑ふべからず。一衆生のうへにも往生せぬことあらば、ゆめゆめ仏は正覚成りたまふべからず。ここをこころうるを第十八の願をおもひわくとはいふなり。

【五】まことに往生せんとおもはば、衆生こそ願をもおこし行をもはげむべきに、願行は菩薩のところにはげみて、感果はわれらがところに成ず。世間・出世の因果のことわりに超異せり。和尚（善導）はこれを「別異の弘願」（玄義分 三〇〇）とほめたまへり。衆生にかはりて願行を成ずること、常没の衆生

こゝをこゝろうるを第十八の願をおもひわくとはいふなり。

まことに往生せんとおもはゞ、衆生こそ願をも行をもはげむべきに、願行は菩薩のところにはげみて感果は我等がところに成ず。これすなはち世間・出世の因果の道理に超異せり。このゆへに善導はこれを別異超世の願とほめたまへり。

心をこりぬれば、仏体すなはち我等が往生の行なるがゆへに、一声のところに往生決定す也。（御文章集成第一五五通、聖典全書四四三頁）

安心決定鈔	御文章集成第一二四通	その他の御文章・聞書など
をさきとして善人におよぶまで、一衆生のうへにもおよばざるところあらば、大悲の願満足すべからず。面々衆生の機ごとに、願行成就せしとき、仏は正覚を成じ、凡夫は往生せしなり。かかる不思議の名号、もしきこえざるところあらば正覚取らじと誓ひたまへり。われらすでに阿弥陀といふ名号をきく。しるべし、われらが往生すでに成ぜりといふことを。きくといふは、ただおほやうに名号をきくにあらず、本願他力の不思議をききて疑はざるをきくとはいふなり。御名をきくも本願より成じてきく。一向に他力なり。たとひ凡夫の往生成じたまひたりとも、その願成就したまへる御名をきかずは、いかでかその願成ぜりとしるべき。 かるがゆゑに名号をききても形像を拝しても、わが往生を成じたまへる御名とききき、「われらをわたさずは仏に成らじと誓ひたまひし法蔵の誓願むなしか		一　名号をきゝても、形儀を拝して、我往生を成じたまへるみなときゝ、われらをわたさずは仏にならんとちかひ

らずして、正覚成じたまへる御すがたよ」とおもはざらんは、きくともきかざるがごとし、みるともみざるがごとし。

『平等覚経』(四・意)にのたまはく、「浄土の法門を説くを聞きて歓喜踊躍し、身の毛いよたつ」といふは、そぞろによろこぶにあらず。わが出離の行をはげまんとすれば、道心もなく智慧もなし。智目・行足かけたる身なれば、ただ三悪の火坑にしづむべき身なるを、願も行も仏体より成じて、機法一体の正覚成じたまひけることのうれしさよとおもふとき、歓喜のあまりをどりあがるほどにうれしきなり。『大経』に「爾時聞一念」とも、「聞名歓喜讃」ともいふは、このこころなり。よそにさしのけてはなくして、やがてわが往生すでに成じたる名号、わ

たまひし法蔵誓願むなしからずして、正覚を成じたまへる御すがたよとおもはざらんは、きくともとかざるがごとし、みるともみざるがごとし。(御文章集成第一五五通、聖典全書四四三頁)

安心決定鈔	御文章集成第一二四通	その他の御文章・聞書など
が往生したる御すがたとみるを、名号をきくとも形像をみるともいふなり。このことわりをこころうるを本願を信知すとはいふなり。 〔六〕念仏三昧において信心決定せんひとは、身も南無阿弥陀仏、こころも南無阿弥陀仏なりとおもふべきなり。ひとの身をば地・水・火・風の四大よりあひて成ず。小乗には極微の所成といへり。身を極微にくだきてみるとも報仏の功徳の染まぬところはあるべからず。されば機法一体の身も南無阿弥陀仏なり。こころは煩悩・随煩悩等具足せり。刹那刹那に生滅す。こころを刹那にちわりてみるとも、弥陀の願行の遍せぬところなければ、機法一体にしてこころも南無阿弥陀仏なり。弥陀大悲のむねのうちに、かの常没の衆生みちみちたるゆゑに、機法一体にして南無阿弥陀仏なり。われらが迷倒のこころのそこには法界身の仏の功徳みちみちたまへるゆゑに、ま		「弥陀の大悲、かの常没の衆生のむねのうちにみちみちたる」（安心決定鈔・本意）といへること不審に候ふと、福田寺申しあげられ候ふ。（御一

た機法一体にして南無阿弥陀仏なり。浄土の依正二報もしかなり。依報は、宝樹の葉ひとつも極悪のわれらがためならぬことなければ、機法一体にして南無阿弥陀仏なり。正報は、眉間の白毫相より千輻輪のあなうらにいたるまで、常没の衆生の願行円満せる御かたちなるゆゑに、また機法一体にして南無阿弥陀仏なり。われらが道心二法・三業・四威儀、すべて報仏の功徳のいたらぬところなければ、南無の機と阿弥陀仏の片時もはなるることなければ、念々みな南無阿弥陀仏なり。されば出づる息入る息も、仏の功徳をはなるる時分なければ、みな南無阿弥陀仏の体なり。縛日羅冒地といひしひとは、常水観をなししかば、こころにひかれて身もひとつの池となりき。その法に染みぬれば、色心正法それになりかへることなり。

【七】　念仏三昧の領解ひらけなば、身もこころも南無阿弥陀仏〔に〕なりかへりて、その領解ことばにあ

代、一二三四頁）

安心決定鈔	御文章集成第一二四通	その他の御文章・聞書など
らはるるとき、南無阿弥陀仏と申すがうるはしき弘願の念仏にてあるなり。念仏といふは、かならずしも口に南無阿弥陀仏ととなふるのみにあらず。阿弥陀仏の功徳、われらが南無の機において十劫正覚の刹那より成じいりたまひけるものを、といふ信心のおこるを念仏といふなり。さてこの領解をことわりあらはせば、南無阿弥陀仏といふにてあるなり。この仏の心は大慈悲を本とするゆゑに、愚鈍の衆生をわたしたまふをさきとするゆゑに、名体不二の正覚をとなへましますゆゑに、仏体も名におもむき、名に体の功徳を具足するゆゑに、なにとはかばかしくしらねども、平信のひともとなふれば往生するなり。されども下根の凡夫なるゆゑに、そぞろにひら信じもかなふべからず。そのことわりをききひらくとき、信心はおこるなり。念仏を申すとも往生せぬをば、「名義に相応せざるゆゑ」（論註・下 一〇三）	念仏といふはかならずしもくちに南無阿弥陀仏ととなふるのみにあらず、阿弥陀仏の功徳を我等が南無の機において十劫正覚の刹那より成じいりたまひけるものをといふ信心のおこるを念仏といふなり。さて此領解をことはりあらはせば、南無阿弥陀仏といふにてあるなり。この仏心は大慈悲を本とするがゆへに、愚痴悪見の衆生をたすけたまふをさき	

とこそ、曇鸞も釈したまへ。「名義に相応す」といふは、阿弥陀仏の功徳力にてわれらは往生すべしとおもうてとなふるなり。領解の信心をことばにあらはすゆゑに、南無阿弥陀仏の六字をよくこころうるを三心といふなり。かるがゆゑに仏の功徳、ひしとわが身に成じたりとおもひて、口に南無阿弥陀仏ととなふるが、三心具足の念仏にてあるなり。自力のひとの念仏は、仏をばさしのけて西方におき、わが身をばしらじらとある凡夫にて、ときどきこころに仏の他力をおもひ名号をとなふるゆゑに、仏と衆生とうとうとしくして、いささか道心おこりたるときは、往生もちかくおぼえ、念仏ものうく道心もさめたるときは、往生もきはめて不定なり。凡夫のこころとしては、道心をおこすこともまれなれば、つねには往生不定の身なり。もしやもしやとまてども、往生は臨終までおもひさだむることなきゆゑに、口にときどき名号をとなふれども、たのみがた

とするゆへに、名体不二の正覚をとなへましますゆへに、仏体も名におもむき名に体の功徳を具足するゆへに、なにとはかばかしくしらねども往生するなり。

安心決定鈔

き往生なり。たとへばときどきひとに見参、みやづかひするに似たり。そのゆゑは、いかにして仏の御こころにかなはんずるとおもひ、仏に追従して往生の御恩をもかぶらんずるやうにおもふほどに、機の安心と仏の大悲とがはなればなれにて、つねに仏にうとき身なり。この位にてはまことにきはめて往生不定なり。念仏三昧といふは、報仏弥陀の大悲の願行は、もとより迷ひの衆生の心想のうちに入りたまへり、しらずして仏体より機法一体の南無阿弥陀仏の正覚に成じたまふことなりと信知するなり。願行みな仏体より成ずることなるがゆゑに、をがむ手、となふる口、信ずるこころ、みな他力なりといふなり。

〔八〕　かるがゆゑに機法一体の念仏三昧をあらはして、第八の観には、「諸仏如来　是法界身　入一切衆生　心想中」（観経）と説く。これを釈するに、

御文章集成第一二四通

その他の御文章・聞書など

「〈法界〉といふは所化の境、すなはち衆生界なり」（定善義 四三一）といへり。定善の衆生ともいはず、道心の衆生とも説かず、法界の衆生を所化とす。「〈法界〉といふは、所化の境、衆生界なり」と釈する、これなり。まさしくは、こころいたるがゆゑに身もいたるといへり。弥陀の身心の功徳、法界衆生の身のうち、こころのそこに入り満つゆゑに、「入一切衆生心想中」と説くなり。ここを信ずるを念仏衆生といふなり。また真身観には、「念仏衆生の三業と、弥陀如来の三業と、あひはなれず」（同・意 四三七）と釈せり。仏の正覚は衆生の往生より成じ、衆生の往生は仏の正覚より成ずるゆゑに、衆生の三業と仏の三業とまつたく一体なり。

仏の正覚のほかに衆生の往生もなく、願も行もみな仏体より成じたまへりとしりきくを念仏の衆生といひ、この信心のことばにあらはるるを南無阿弥陀仏といふ。かるがゆゑに念仏の行者になりぬれば、い

このゆへに仏の正覚の外に衆生の往生もなく、願も行もみな仏体より成じたまへりとしりきくを念仏の衆生といひ、この信心をことばにあらはるゝを南無阿弥陀仏といふなり。あなかしこ、あなかしこ。

「弥陀の身心の功徳、法界衆生の身のうち、こころのそこに入りみつ」（安心決定鈔・本）ともあり。しかれば、ただ領解の心中をさしてのことなりと仰せ候ひき。ありがたきよし候ふなり。（御一代、一二三四頁）

安心決定鈔	御文章集成第一二四通	その他の御文章・聞書など
かに仏をはなれんとおもふとも、微塵のへだてもなきことなり。仏の方より機法一体の南無阿弥陀仏の正覚を成じたまひたりけるゆゑに、なにとはかばかしからぬ下下品の失念の位の称名も往生するは、となふるときはじめて往生するにはあらず、極悪の機のためにもとより成じたまへる往生をとなへあらはすなり。また『大経』の三宝滅尽の衆生の、三宝の名字をだにもはかばかしくきかぬほどの機が、一念となへて往生するも、となふるときはじめて往生の成ずるにあらず。仏体より成ぜし願行の薫修が、一声称仏のところにあらはれて往生の一大事を成ずるなり。		

『安心決定鈔』関連略年表

凡例

一、本年表は、宗祖親鸞聖人の示寂（一二六二年）から室町時代末期に至る浄土真宗の教学の流れを概観することを目的として、『安心決定鈔』を含む聖教関係の記事を中心に構成した。また、参考として歴史上重要な事項を二字下げで記載した。

二、表記については、敬称も含め主として『本願寺年表』に準じた。

三、年号・西暦・歴代宗主の年齢・事項を月日順に列記し、月日不詳の場合はその年の最後に○印を付し、この年であることを示した。

四、閏月は○の中に数字で月を記した。

五、出典の表記には次の略称を用いた。

『常楽台主老衲一期記』→『存覚一期記』

なお、「奥書」、「刊記」とあるものは、その文献の「奥書」、「刊記」に依拠することを示す。

年号	西暦	宗主年齢	事項
弘長二	一二六二	親鸞九〇	11・28 宗祖、未刻、善法坊にて示寂（九〇）（本願寺蔵教行信証奥書・存覚袖日記）、一説に午刻（専修寺蔵真仏書写教行信証奥書・福井県浄得寺蔵教行信証奥書・親鸞伝絵）。覚信尼（宗祖息女）・益方（宗祖息男）等これに侍す（恵信尼消息）。 11・29 宗祖を東山鳥辺野にて荼毘に付す（福井県浄得寺蔵教行信証奥書）。 11・30 拾骨（福井県浄得寺蔵教行信証奥書）。
文永七	一二七〇	如信三六	12・28 覚如（覚恵息男）誕生（慕帰絵・最須敬重絵詞）。
九	一二七二	如信三八	冬 宗祖の遺骨を吉水の北に移し、大谷廟堂を建立する（親鸞伝絵・専修寺文書）。
一一	一二七四	如信四〇	4・27 小野宮禅念（覚信尼後夫）、大谷北地を覚信尼に譲る（木願寺文書）。
建治元	一二七五	如信四一	○ 小野宮禅念没（専修寺文書）。 ○ 某、『教行信証』を写す（福井県浄得寺蔵奥書）。
三	一二七七	如信四三	9・22 覚信尼、大谷敷地を宗祖の墓所として寄進する（本願寺文書）。 11・7 覚信尼、大谷敷地の寄進状を顕智・教念に付す（専修寺文書・本願寺文書）。
弘安三	一二八〇	如信四六	10・25 覚信尼、唯善・覚恵（宗祖孫　覚信尼息男）等に連署させて大谷敷地の寄進状を智光・証信に付す（本願寺文書）。 10・26 覚信尼、大谷敷地寄進並びに留守職について覚恵に置文する（本願寺文書）。
六	一二八三	如信四九	2・2 明性、『教行信証』（坂東本）を相伝する（真宗大谷派蔵宗祖真筆本奥書）。 11・24 覚信尼、留守職を覚恵に譲り、門弟に後事を託す（いわゆる最後の状）（本願寺文書）。

年号	西暦	宗主年齢	事項
一〇	一二八七	如信五三	11・19 覚如、大谷で覚恵とともに如信（宗祖孫　善鸞息男）から宗要を授かる（慕帰絵）。
正応 元	一二八八	如信五四	冬 覚如、上京中の常陸河和田の唯円に法門の疑義を問う（慕帰絵）。
三	一二九〇	如信五六	3・― 覚恵・覚如、東国に赴き宗祖の遺跡を巡る（慕帰絵・最須敬重絵詞）。 6・4 存覚（覚如息男）誕生（存覚一期記）。
四	一二九一	如信五七	1・21 覚如、康楽寺浄喜筆如信像に銘を書く（本願寺蔵裏書）。 5～8上旬 性海、『教行信証』を開版すという（専修寺蔵教行信証奥書・中山寺蔵教行信証奥書）。
五	一二九二	如信五八	2・― 覚如、帰京し、浄土諸宗を学ぶ（慕帰絵・最須敬重絵詞）。
永仁 二	一二九四	如信六〇	○ 宗祖三十三回忌。 ○ 覚如、『報恩講私記』を著す（真宗法要本奥書・大谷本願寺通紀）。
三	一二九五	如信六一	10・12 覚如、『善信聖人絵』（親鸞伝絵）を著す（本願寺蔵奥書・慕帰絵） 12・13 覚如、『善信聖人親鸞伝絵』（親鸞伝絵）を写す（専修寺蔵奥書） ○ 従覚（覚如息男）誕生（存覚一期記）。
四	一二九六	如信六二	7・17 東国門徒等、大谷南地を買得する（本願寺文書・専修寺文書）。
六	一二九八	如信六四	9・25 大谷南地の手継目録成る（本願寺文書）。
正安 三	一三〇一	覚如三二	12・5 覚如、羽前長井道信のために『拾遺古徳伝絵詞』を著す（本願寺蔵奥書・存覚一期記）。 12・6 唯善、大谷管領の院宣を請う（専修寺文書・存覚一期記）。 冬 道信、唯善の大谷横領の策謀を覚恵に告げる（存覚一期記）。
乾元 元	一三〇二	覚如三三	1・― 覚如、大谷安堵の件について東国へ赴く（存覚一期記）。 2・10 後宇多院、大谷敷地安堵の院宣を門弟中に授ける（本願寺文書・存覚一期記）。

				4・5	後宇多院院宣の添状授与される（専修寺文書）。
				4・8	門弟等二十一名連署して、院宣を門弟中に保管し、覚恵の留守職を確認する（本願寺文書）。
				5・15	順正、院宣の保管について覚如に書状を送る（本願寺文書）。
				5・22	覚恵、留守職を覚如に譲る（本願寺文書）。
徳治	元	一三〇六	覚如三七	11・―	覚恵病臥。唯善、大谷影堂の鎰を覚恵に強要する（存覚一期記）。
	二	一三〇七	覚如三八	4・11	存覚、房号を尊覚と定め、次いで存覚と改める（存覚一期記）。
				4・12	覚恵示寂（六〇余）（存覚一期記・最須敬重絵詞）。
				4・16	覚如、恵信尼文書を披見する（恵信尼文書）。
延慶	元	一三〇八	覚如三九	11・30	検非違使別当、覚如の留守職を安堵し、唯善の非理を排する（本願寺文書）。このののち、唯善、大谷は青蓮院の沙汰とする院宣を得、青蓮院は覚如等に同院が処理することを申入れる（存覚一期記）。
	二	一三〇九	覚如四〇	7上旬	覚如・門弟の代表等、青蓮院で唯善と対決する（存覚一期記）。
	三	一三一〇	覚如四一	1・―	存覚、覚如のために一寺建立の勧進状を書く。この時、覚如、存覚に大谷等の譲状を書く（存覚一期記）。
				1・―	覚如、門徒と折衝のために東国へ赴く（存覚一期記）。
				7・4	顕智示寂（八五）（遺骨包紙墨書・正統伝後集）。
				秋	覚如、留守職に就任する（存覚一期記）。
正和	元	一三一二	覚如四三	夏	法智の発起により、大谷影堂に「専修寺」の額を掲げる（存覚一期記）。
				秋	延暦寺の抗議により、「専修寺」の額を撤去する（存覚一期記）。
	三	一三一四	覚如四五	12・25	覚如、存覚に大谷を管領させる（存覚一期記）。
				○	この頃、覚如、西山久遠寺を建立か（大谷本願寺通紀）。
	四	一三一五	覚如四六	○	覚如、『閑窓集』を編し、伏見上皇に献上する（慕帰絵・最須敬重絵詞）
元応	元	一三一九	覚如五〇	4・28	覚如、『啓白文』を著す（京都府常楽寺蔵奥書）。

年号	西暦	宗主年齢	事項
二	一三二〇	覚如五一	○　了源、大谷に初参する。存覚、覚如の命により了源を指導する（存覚一期記）。
元亨 元	一三二一	覚如五二	2・―　宗祖の門流と禁圧の一向衆を区別するよう、妙香院の挙状を添えて幕府に請う（本願寺号の初見）（本願寺文書）。
二	一三二二	覚如五三	6・25　覚如、存覚を義絶（存覚一期記）。
三	一三二三	覚如五四	5・―　存覚、了源の山科興正寺に入る（存覚一期記）。
正中 元	一三二四	覚如五五	1・6　存覚、了源のために『浄土真要鈔』を著す（大谷大学蔵建武五年書写本奥書・真宗法要本校異・浄典目録）。 1・12　存覚、了源のために『諸神本懐集』を著す（真宗法要本奥書・浄典目録）。 3・13　存覚、了源のために『持名鈔』を著す（石川県本誓寺蔵奥書・浄典目録）。 8・22　存覚、了源のために『破邪顕正鈔』を著す（真宗法要本奥書・浄典目録）。 11・28　存覚、『教行信証』を写し終わる（京都常楽寺蔵奥書）。 ○　存覚、了源のために『女人往生聞書』を著す（奥書・浄典目録）。
嘉暦 元	一三二六	覚如五七	9・5　覚如、願智房永承のために『執持鈔』を著す（本願寺蔵蓮如書写本奥書）。
三	一三二八	覚如五九	11・28　『教行信証名義（大意）』成る（本願寺蔵蓮如書写本奥書・真宗法要本奥書）。 11・―　存覚、了源のために『破邪顕正鈔』を漢文体にする（本願寺蔵奥書）。
元弘 元 元徳 三	一三三一	覚如六二	11下旬　覚如、乗専に『口伝鈔』を口授する（龍谷大学蔵覚如自筆本奥書・大阪府願得寺蔵奥書）。
元弘 二 正慶 元	一三三二	覚如六三	1下旬　乗専、『口伝鈔』を写す（本願寺蔵康永四年書写本奥書）。
元弘 三 正慶 二	一三三三	覚如六四	2・2　善如（従覚息男）誕生（没年から逆算）。 4・25　従覚、『末灯鈔』を編集する（龍谷大学蔵奥書）。

建武元	一三三四	覚如六五	春	慈観（存覚息男）誕生（存覚一期記）。
延元元 建武三	一三三六	覚如六七	○	大谷本願寺兵火にかかる（存覚一期記）。
延元二 建武四	一三三七	覚如六八	8・1	覚如、『本願鈔』を著す（真宗法要本奥書）。
			8・―	存覚、明光のために備後で『顕名鈔』を著す（新潟県浄興寺蔵奥書・存覚一期記）。
			9・25	覚如、乗専のために『改邪鈔』を口授し、書写する（本願寺蔵伝蓮如書写本奥書・慕帰絵・最須敬重絵詞）。
延元三 暦応元	一三三八	覚如六九	3・―	存覚、備後国府で日蓮宗徒を論破する（存覚一期記）。
			3・―	存覚、備後在国中、『歩船鈔』『決智鈔』『報恩記』『選択註解鈔』『至道鈔』『法華問答』等を著す（浄典目録・存覚一期記）。
			7・3	従覚、『末灯鈔』を再治する（龍谷大学蔵奥書）。
			⑦・―	存覚、備後から帰京（存覚一期記）。
			9・18	覚如、存覚の義絶を解く（存覚一期記）。
			12・10	乗専、善実のために『安心決定鈔』を写す（大阪府願得寺蔵奥書）。
延元四 暦応二	一三三九	覚如七〇	11・28	覚如、留守職の相伝等について置文三通を書く（本願寺文書）。
興国元 暦応三	一三四〇	覚如七一	9・24	覚如、近江伊香の成信のために『願願鈔』を著す（本願寺蔵蓮如書写本奥書・慕帰絵）。
興国三 康永元	一三四二	覚如七三	○	存覚、再び覚如から義絶される（存覚一期記）。
興国四 康永二	一三四三	覚如七四	4・26	覚如、目良の寂円のため『最要鈔』を従覚に口授、筆記させる（京都府西法寺蔵奥書・大阪府光徳寺蔵奥書・慕帰絵）。

年号	西暦	宗主年齢	事項
興国五 康永三	一三四四	覚如七五	5・17　存覚、乗智のために『教行信証』を延書にする（龍谷大学蔵奥書）。 11・2　覚如、『本願寺聖人伝絵』（親鸞伝絵）を重修する（真宗大谷派蔵奥書）。 11・1　覚如、『親鸞伝絵』の外題を書く（千葉県照願寺蔵奥書）。 11・7　覚如・空如、六箇条の禁制を定める（常楽寺伝二十四輩名位之事・叢林集・実悟記拾遺）。
正平元 貞和二	一三四六	覚如七七	2中旬　某、『安心決定鈔』上を写す（奥書）。 6下旬　乗専、性妙尼のために『安心決定鈔』を写す（兵庫県毫摂寺蔵奥書）。
正平二 貞和三	一三四七	覚如七八	10・6　某、空観のために『安心決定鈔』を写す（龍谷大学蔵奥書）。 12・28　覚如、『尊師和讃鈔』を著す（慕帰絵）。
正平三 貞和四	一三四八	覚如七九	夏　存覚、叡憲のために『信貴鎮守講式』を著す（存覚一期記）。
正平四 貞和五	一三四九	覚如八〇	5・21　近江瓜生津の慈空・和田の寂静、存覚の義絶赦免を斡旋する（存覚一期記）。
正平五 観応元	一三五〇	覚如八一	3・15　綽如（善如息男）誕生（叢林集）。 7・5　覚如、存覚の義絶を解く（存覚一期記）。 11・21　覚如、譲状を善如に与える（本願寺文書）。
正平六 観応二	一三五一	善如一九	1・17　覚如病む。翌日、存覚に発病を報ず（慕帰絵・最須敬重絵詞・存覚一期記）。 1・19　覚如（宗昭）示寂（八二）（慕帰絵・最須敬重絵詞・存覚一期記・存覚袖日記・日野一流系図）。

			1・20	存覚入京（存覚一期記）。
			1・23	覚如を延仁寺に葬す（慕帰絵・最須敬重絵詞・存覚袖日記・存覚一期記）。
			1・24	覚如の遺骨を納める（慕帰絵・最須敬重絵詞・存覚一期記）。
			8・20	存覚、綱厳を錦織寺慈空の後嗣とする（存覚一期記）。
			10・30	従覚、『慕帰絵』を著す（本願寺蔵序）。
			11・28	存覚、『阿弥陀経』を写す（本願寺蔵奥書）。
正平七 文和元	一三五二	善如二〇	10・19	乗専、『最須敬重絵詞』を著す（京都府常楽寺蔵奥書・真宗法要本奥書）。
正平八 文和二	一三五三	善如二一	11・16	存覚、『口伝鈔』を校合する（大阪府願得寺蔵奥書）。
正平一一 延文元	一三五六	善如二四	3・4	存覚、『存覚法語』を著す（和歌山県真光寺蔵奥書・岐阜県専精寺蔵奥書）。
			6・28	存覚、『選択集』を覚善に付与する（龍谷大学蔵奥書）。
正平一四 延文四	一三五九	善如二七	11・16	存覚、善如の求めにより『嘆徳文』を著す（大阪府願得寺蔵奥書・真宗法彙奥書）。
正平一五 延文五	一三六〇	善如二八	1・22	善如、『教行信証』延書を写す（本願寺蔵善如書写本奥書）。
			8・1	存覚、『六要鈔』を著す（本願寺蔵慈観書写本奥書）。
正平一六 康安元	一三六一	善如二九	11・17	常楽台巧覚、覚忍尼から『無量寿経』『和語灯録』を付属される（龍谷大学蔵奥書）。
			○	宗祖百回忌。
正平一七 貞治元	一三六二	善如三〇	5・26	存覚、善如のために『浄典目録』を著す（本願寺蔵奥書）。
			7・28	存覚、乗智のために『纔解記』を著す（大阪府光徳寺蔵奥書　大谷大学蔵恵空書写本奥書）。

年号	西暦	宗主年齢	事項
正平二一 貞治五	一三六六	善如三四	5・13 存覚、『嘆徳文』を再治する（大阪府願得寺蔵奥書）。
文中二 応安六	一三七三	善如四一	2・28 存覚（光玄）示寂（八四）（存覚一期記・大谷本願寺通紀）。
天授五 康暦元	一三七九	善如四七	2・22 善如、『存覚法語』を写す（滋賀県慈敬寺蔵証智書写本奥書・真宗法要本奥書）。
天授六 康暦二	一三八〇	善如四八	6・25 綽如、『口伝鈔』に跋を加える（富山県勝満寺蔵綽如書写本奥書）。
元中六 康応元	一三八九	綽如四〇	2・29 善如（俊玄）示寂（五七）（祖師代々事・大谷本願寺通紀）。
明徳四	一三九三	巧如一八	4・24 綽如（時芸）示寂（四四）（本願寺系図・大谷本願寺通紀）。
応永二二	一四一五	巧如四〇	2・25 蓮如（存如息男）、東山大谷において誕生（蓮如上人御一期記・蓮如上人遺徳記・大谷本願寺通紀）。
三一	一四二四	巧如四九	10・15 存如（巧如息男）、信濃浄興寺性順に『安心決定鈔』（本）を授ける（大阪府願得寺蔵存如書写本奥書）。
三二	一四二五	巧如五〇	12・22 常楽台空覚、信濃浄興寺性順に『顕名鈔』を授ける（新潟県浄興寺蔵奥書） 2・15 存如、信濃浄興寺性順に『法華問答』を授ける（新潟県浄興寺蔵奥書）。 8・― 存如、信濃浄興寺性順に『御伝鈔』『教化集』『安心決定鈔』（末）を授け、本願寺、同じく性順に『持名鈔』『浄土真要鈔』を授ける（新潟県浄興寺蔵奥書・大阪府願得寺蔵存如書写本奥書）。
三四	一四二七	巧如五二	9・8 巧如、信濃浄興寺周観に『口伝鈔』を授ける（新潟県浄興寺蔵奥書）。 ○ 応永年中、巧如、信濃浄興寺芸範に『教行信証』を授ける（新潟県浄興寺蔵奥書）。
正長元	一四二八	巧如五三	9・― 近江・山城の郷民、徳政を要求して蜂起する（正長の土一揆）。この年、

				飢饉、死者多数でる。
永享元	一四二九	巧如五四	1・―	播磨国一揆蜂起する。
			○	蓮如、一宗興隆の志を起す（蓮如上人遺徳記）。
二	一四三〇	巧如五五	9・7	本願寺、信濃浄興寺周観に『執持鈔』を授ける（新潟県浄興寺蔵奥書）。
三	一四三一	巧如五六	夏	蓮如、青蓮院で剃髪し、広橋兼郷の猶子となり、蓮如・兼寿と称す（蓮如上人御一期記・拾塵記・蓮如上人遺徳記）。
八	一四三六	巧如六一	8中旬	蓮如、京都金宝寺教俊に『三帖和讃』を授ける（本願寺蔵奥書）。
九	一四三七	巧如六二	9・25	存如、加賀専光寺に『三帖和讃』を授ける（石川県専光寺蔵奥書）。
一〇	一四三八	巧如六三	8・15	蓮如、『浄土真要鈔』を写し、存如、跋を加える（本願寺蔵蓮如書写本奥書）。
			10・13	存如、『諸神本懐集』を写す（真宗大谷派蔵存如書写本奥書・真宗法要本奥書）。
			12・13	蓮如、近江長沢福田寺琮俊に『口伝鈔』を授ける（上巻　滋賀県長沢福田寺蔵、下巻　本願寺蔵蓮如書写本奥書）。
一一	一四三九	巧如六四	6・23	存如、加賀専光寺に『持名鈔』『教化集』を授ける（石川県専光寺蔵存如書写本奥書）。
			7・29	蓮如、『後世物語』を写す（大谷大学蔵奥書）。
			7下旬	蓮如、『他力信心聞書』を写す（京都府常楽寺蔵奥書）。
一二	一四四〇	存如四五	10・14	巧如（玄康）示寂（六五）（日野一流系図）。
嘉吉元	一四四一	存如四六	6・―	赤松満祐、将軍義教（四八）を誘殺する（嘉吉の乱）。
			9・7	蓮如、『浄土真要鈔』を写す（本願寺蔵奥書）。
文安三	一四四六	存如五一	1中旬	蓮如、『愚禿鈔』を写す（本願寺蔵奥書）。
四	一四四七	存如五二	1下旬	蓮如、近江長沢福田寺琮俊に『安心決定鈔』を授ける（大阪府慧光寺蔵奥書）。
			2・晦	蓮如、『末灯鈔』を写す（大谷大学蔵蓮如書写本奥書）
五	一四四八	存如五三	10・19	蓮如、『還相回向聞書』を写す（兵庫県本徳寺蔵奥書）。

年号	西暦	宗主年齢	事項	
宝徳 元	一四四九	存如五四	5・28	蓮如、加賀木越光徳寺性乗に『三帖和讃』を授ける（本願寺蔵奥書）。
			6・3	蓮如、加賀木越光徳寺性乗に『安心決定鈔』を授ける（奈良県個人蔵奥書）。
			7中旬	蓮如、『女人往生聞書』を写す（愛知県加藤氏蔵奥書）。
二	一四五〇	存如五五	10・14	蓮如、加賀河崎専称寺真光に『御伝鈔』を授ける（富山県勝興寺蔵奥書）。
			○	蓮如、近江長沢福田寺琮俊に『御伝鈔』を授ける（龍谷大学蔵奥書）。
三	一四五一	存如五六	8・16	存如、加賀木越光徳寺性乗に存如・蓮如書写の『教行信証』を授ける（本願寺蔵奥書）。
享徳 二	一四五三	存如五八	10・―	大和の徳政一揆、元興寺金堂、興福寺大乗院を焼く。
			11・22	蓮如、近江手原道場に『三帖和讃』を授ける（滋賀県円徳寺蔵奥書）。
三	一四五四	存如五九	4・17	蓮如、近江安養寺浄性に『往生要集』延書を授ける（滋賀県明性寺蔵奥書）。
			7・8	蓮如、越前円金に『教行信証』延書を授ける（大阪府願泉寺蔵貼紙）。
康正 元	一四五五	存如六〇	7・19	蓮如、『慕帰絵詞』を写す（本願寺蔵奥書）。
長禄 元	一四五七	蓮如四三	2・20	蓮如、『最要鈔』を写す（真宗法要本奥書）。
			4初旬	蓮如、『持名鈔』を写す（本願寺蔵蓮如書写本奥書）。
			6・18	存如（円兼）示寂（六二）（蓮如上人御一期記・拾塵記・蓮如上人遺徳記・本福寺跡書・叢林集・日野一流系図・経覚私要鈔）。
二	一四五八	蓮如四四	2・4	蓮如、京都金宝寺教俊に『三帖和讃』を授ける（本願寺蔵奥書）。
			7・28	蓮如、加賀木越光徳寺性乗に『六要鈔』を授ける（興正寺本山蔵奥書）。
寛正 元	一四六〇	蓮如四六	6・―	蓮如、近江金森の道西のために『正信偈大意』を著す（大阪府慧光寺蔵奥書・真宗法要本奥書・金森日記秡。一説に長禄二年六月）。
二	一四六一	蓮如四七	3・―	蓮如、初めて『御文章』を書く（御文章集成一）。
			7・―	蓮如、近江安養寺浄性に『教行信証』延書を授ける（本願寺蔵蓮如書写本奥書）。

	五	一四六四	蓮如五〇	12・8	蓮如、『嘆徳文』を写す（本願寺蔵蓮如書写本奥書）。
				○	宗祖二百回忌。
				4・24	兆従、『歩船鈔（上巻）』を写す（愛知県上宮寺蔵奥書）。
	六	一四六五	蓮如五一	1・9	延暦寺西塔の衆徒、大谷本願寺を破却する（本福寺跡書。同由来記は一〇日、私要鈔は一一日）。
				3・21	延暦寺西塔の衆徒、再び大谷本願寺を破却する（経覚私要鈔・大乗院寺社雑事記）。
				5・20	兆従、『歩船鈔（下巻）』を写す（愛知県上宮寺蔵奥書）。
文正	元	一四六六	蓮如五二	7・8	蓮如、『教行信証』延書を写す（本願寺蔵奥書）。
応仁	元	一四六七	蓮如五三	2・16	蓮如、河内久宝寺の法円に『口伝鈔』を授ける（大阪府浄照坊蔵奥書）。
				3・―	延暦寺衆徒、本願寺を安堵して末寺とし、末寺銭を納めさせる（奈良県本善寺文書）。
				5・―	応仁の乱おこる。
	二	一四六八	蓮如五四	10中旬	蓮如、『報恩講私記』を写す（真宗大谷派蔵奥書）。
文明	元	一四六九	蓮如五五	春	蓮如、大津の南別所に坊舎（顕証寺）を建て、宗祖影像を安置する（本福寺跡書）。
	三	一四七一	蓮如五七	4上旬	蓮如、大津南別所（顕証寺）から京都を経て、越前吉崎に赴く（御文章集成二七・五四）。
				7・27	蓮如、越前吉崎に坊舎を建てる（御文章集成二七）。
	五	一四七三	蓮如五九	3・―	蓮如、『正信偈和讃』を刊行（刊記）。
	六	一四七四	蓮如六〇	3・28	越前吉崎の坊舎焼失する（御文章集成六四・拾塵記）
				8・12	近江長沢福田寺頓乗に蓮如寿像を授ける（滋賀県福田寺蔵裏書）。
	七	一四七五	蓮如六一	3下旬	加賀の宗徒、富樫政親と戦う（徳了袖日記）。
				8・21	蓮如、越前吉崎を退去し、若狭小浜に着し、丹波・摂津を経て河内出口

年号	西暦	宗主年齢	事項
八	一四七六	蓮如六二	○ に至る（御文章集成一〇八）。
			蓮如、堺に堺御坊（信証院）を建てる（御文章集成一〇〇・龍谷大学蔵蓮如書状）。
九	一四七七	蓮如六三	10・27 蓮如、『教行信証大意（名義）』を写す（大阪府真宗寺蔵書写本奥書・京都府常楽寺蔵奥書）。
			11初頃 蓮如、「御文章」（『御俗姓』）を書く（御文章集成一〇四・大谷大学蔵奥書・新潟県本誓寺蔵奥書）。
			11・― 応仁の乱終息する。
			12中旬 蓮如、『浄土見聞集』を写す（仮名聖教本奥書）。
一〇	一四七八	蓮如六四	1・29 蓮如、山城山科に至り坊舎の造営を始める（御文章集成一一四・一一五・拾塵記・蓮如上人遺徳記）。
一一	一四七九	蓮如六五	10・15 蓮如、宗祖影像（安城御影）を修復し、模本二幅を作る（本願寺蔵裏書・反故裏書）。
			12・― 山城土一揆、京都関所の撤廃を要求する。
一二	一四八〇	蓮如六六	3・28 山科本願寺の御影堂上棟（御文章集成一一九・一二〇・拾塵記）。
			10・14 日野富子、山科本願寺を観る（御文章集成一二〇・拾塵記）。
			11・18 宗祖影像を大津近松から山科に動座（御文章集成一一九・一二〇・一二一・一二二・一二三・拾塵記）。
一三	一四八一	蓮如六七	12・4 幕府、『慕帰絵』を本願寺に返却する（本願寺蔵蓮如奥書）。
一四	一四八二	蓮如六八	11上旬 蓮如、『慕帰絵』第一・七巻の欠を補う（本願寺蔵蓮如奥書）。
一七	一四八五	蓮如七一	4・4 蓮如、覚如筆の十字名号本尊を修復する（本願寺蔵裏書）。
			7・27 蓮如、覚如筆「経釈要文」（二尊大悲本懐）を修復する（本願寺蔵裏書）。

長享	二	一四八八	蓮如七四	12・―	山城の住民、畠山の軍勢の撤兵を要求（山城国一揆）
				○	蓮如、このころまでに『歎異抄』を写すか。
				6・9	加賀の宗徒、富樫政親を高尾城に攻め破る（蔭涼軒日録・後法興院記・親長記）。
				7・4	蓮如、加賀の宗徒の乱暴を制す（石川県光徳寺・石川県専光寺蔵蓮如書状）。
				9・―	京都土一揆蜂起する。
延徳	元	一四八九	実如三二	8・28	蓮如、寺務を実如に譲り、南殿に隠居する（空善聞書）。
				10・20	蓮如、『教行信証大意』を添削する（大阪府真宗寺蔵奥書）。
				10・28	蓮如、『教行信証』延書を三河上宮寺に授ける（愛知県蓮成寺蔵奥書）。
	三	一四九一	実如三四	11・28	蓮照（応玄）、蓮如の『正信偈註』を写す（石川県善性寺蔵奥書）。
明応	四	一四九五	実如三八	10・―	京都土一揆蜂起する。
	五	一四九六	実如三九	1・11	蓮如、『法然上人御詞』を写す（大阪府光徳寺蔵奥書）。
				9・24	蓮如、摂津大坂の地を選定する（拾塵記・御文章集成一八七・反故裏書・蓮如上人遺徳記）。
				10・8	大坂御坊建立（拾塵記・御文章集成一八七）。
	六	一四九七	実如四〇	11下旬	大坂御坊、完成する（御文章集成一六四）。
	八	一四九九	実如四二	3・25	蓮如（兼寿）示寂（八五）（空善聞書・蓮如上人御一期記・蓮如上人遺徳記）。
				4・25	蓮如の子息等『兄弟中申合条々』（蓮如上人御遺言）を作る（龍谷大学蔵奥書）。
永正	二	一五〇五	実如四八	8・10	実如、『御文章』を門下に授ける（福井県最勝寺蔵奥書）。
	六	一五〇九	実如五二	6・25	実如、『御文章』を門下に授ける（大阪府真宗寺蔵奥書）。
	一七	一五二〇	実如六三	9・23	実悟、『聖教目録聞書』を著す（富山県善徳寺蔵奥書）。
大永	四	一五二四	実如六七	8・3	蓮悟、『蓮如上人遺徳記』を著す（延宝七年刊本奥書）。
	五	一五二五	証如一〇	2・2	実如（光兼）示寂（六八）（実如上人闍維中陰録・日野一流系図）。

年号	西暦	宗主年齢	事項
享禄　二	一五二九	証如一四	7中旬　実悟、信濃浄興寺で存如書写の『安心決定鈔』を相伝する（大阪府願得寺蔵存如書写本奥書）。
天文　元	一五三二	証如一七	8・24　山科本願寺焼失。その後、寺基を大坂に移す（私心記・本福寺跡書）。
六	一五三七	証如二二	○　この頃、証如、『御文章』を開版か（紫雲殿由縁起）。

浄土真宗聖典（現代語版）の刊行にあたって

一、現代語版の刊行について

現代においては、科学技術の急速な発達とともに価値観も多様化し、個人の尊厳が重視される一方で、人々はこころを閉す傾向にあります。このような時代の中、仏教の果す役割は大きいといえるでしょう。いついかなる時代にも、人々を導くのは真実の教えであり、私たちに真実を開顕し伝えてきたものが聖典です。真実の教えは、時代に即応した表現により、そのこころが正しく伝えられることが求められます。

浄土真宗本願寺派では、昭和五十七年（一九八二）より、第二期宗門発展計画を起点として、浄土真宗において依りどころとされる聖典の編纂事業を推進し、すでに定評のある善本を底本として忠実に翻刻し、諸種の重要な異本等を用いて厳密な校異を行った原典版聖典、および原典版聖典の底本に基づきながら、現在の学問的水準を考慮して正しく理解できるように各種の註釈を加えた註釈版聖典を刊行してきました。そしてこのたびこれらの成果をもとに、現代語版を刊行することになりました。

この現代語版は、原典版聖典、註釈版聖典の編纂の姿勢を踏まえつつ、時代に即応した表現をとり、真実の教えが現代の多くの人々に正しく伝わるように訳しました。そのため、難解な専門用語を用いることは避け、やむをえない場合には脚註を付し、解釈の分れるような場合には訳註を付すなどの措置を講じました。また、本文のすべての漢字に振り仮名をつけ、文字の大きさなどにも配慮して、できるだけ読みやすいものになるようにつとめました。この現代語版を通して、親鸞聖人《しんらんしょうにん》をはじめ浄土の真実の教えを明らかにされた方々のおこころにふれていただければ幸いです。

この現代語版の発刊によって、聖教が広く人々に親しまれることを望むものであります。

二、聖典の拝読について

仏の教えは、それが現実の社会のなかで説かれ、伝えられる以上、その時代、その社会の人々の思想や生活と無関係に説かれるものではありません。したがって、それぞれの時代や社会の特異性を反映しています。ただ、そうした特異性に埋没することなく、時代を超えて人々に真実を知らせ、苦悩からの救済を教え示してきたのが仏教の聖典であります。その意味において、伝承されてきた聖教をうかがう場合には、それが成立した当時の時代背景、思想との深いかかわりがあり、その表現やあるいは内容には歴史的、社会的な影響があることを考慮して、その聖典のあらわそうとしている本旨を正しくとらえるように留意しなければなりません。

親鸞聖人が聖典拝読にとられた姿勢は、聖典の文言を重んじながらも、根源的には「義に依りて文に依らず」という大乗仏教の基本姿勢にならわれたものでした。すなわち聖典の言葉、文章を大切にし、あくまでその文に立脚しながらも、単にその表現だけにとどまらず、如来の大悲をこころとして、言葉に込められた深い意味を理解するようにつとめ、選択本願《せんじゃくほんがん》の仏意をより明らかにしようとされたのです。私たちも、親鸞聖人のこの姿勢にならって聖典を拝読するようつとめるべきであります。

浄土真宗においては、江戸時代以降、多くの宗学者が聖典の解釈研究に取り組み、すばらしい成果をおさめてきました。しかし、それぞれの時代や社会体制の制約もあり、その中には今日からみて不適当と考えられるような解釈も見受けられます。したがって、この現代語版は、伝統的な解釈を十分尊重しながら、新しい研究成果を加味して、浄土真宗の本義を明らかにしようと意図しました。ことに、私たちの教団が同朋《どうぼう》運動の歴史のなかで確認してきた視点に立って、この現代語版においては、特に留意すべき箇所について訳註のなかで示しました。いうまでもなく、今回の出版において現代語版の編纂が完成したということではありません。今後もひろく諸賢のご批判、ご助言をいただきながら、改訂を重ねて、つねに時代に即したものとなるようにしていきたいと考えています。

聖典の拝読を通して、真実によびさまされ、人生を歩んでいく大きな力を得られますよう念願してやみません。

令和六年三月

浄土真宗本願寺派総合研究所

浄土真宗聖典
安心決定鈔
——現代語版——

二〇二四年十二月一日 第一刷発行

編纂 浄土真宗本願寺派総合研究所
伝わる伝道研究室

発行者 浄土真宗本願寺派

発行所 本願寺出版社
〒六〇〇―八五〇一
京都市下京区堀川通花屋町下ル
浄土真宗本願寺派宗務所
電話（〇七五）三七一―四一七一番

印刷所 亜細亜印刷株式会社

ISBN978-4-86696-053-1
AA02-SH1-①21-42